EDIÇÕES VIVA LIVROS

O poder cósmico da mente

Escritor, professor e conferencista, Joseph Murphy (1898-1981) se tornou conhecido no mundo inteiro por seus best-sellers de motivação. O autor foi um grande conhecedor das leis mentais e espirituais e permanece até hoje como fonte de inspiração para uma legião de seguidores. Seus cursos sobre o poder do subconsciente sempre atraíram muitas pessoas e sua obra continua conquistando milhares de leitores. O autor tem mais de vinte livros publicados. A Viva Livros também lançou *O poder do subconsciente* e *A força do poder da fé*.

Joseph Murphy

O PODER CÓSMICO DA MENTE

Tradução de
RUY JUNGMANN

9ª edição

RIO DE JANEIRO – 2024

CIP-BRASIL. CATALOGAÇÃO NA FONTE
SINDICATO NACIONAL DOS EDITORES DE LIVROS, RJ

M96f
9ª ed.

Murphy, Joseph, 1898-1981
O poder cósmico da mente / Joseph Murphy; tradução de Ruy Jungmann. – 9ª ed. – Rio de Janeiro: Viva Livros, 2024.
12 × 18 cm

Tradução de: The Amazing Laws of Cosmic Mind Power
ISBN 978-85-8103-007-4

1. Pensamento Novo. I. Título.

12-3911

CDD: 289.98
CDU: 289.98

O poder cósmico da mente, de autoria de Joseph Murphy.
Título número 017 da Coleção Viva Livros.
Texto revisado conforme o Acordo Ortográfico da Língua Portuguesa de 1990.

Título original norte-americano:
THE AMAZING LAWS OF COSMIC MIND POWER

Copyright © 1965 by Parker Publishing Company.
Copyright © 2001 by Reward Books. Edição em inglês atualizada por Ian D. McMahan.
Copyright da tradução © by Distribuidora Record de Serviços de Imprensa S.A.
Direitos de reprodução da tradução cedidos para Edições Viva Livros, um selo da Editora Best Seller Ltda. Distribuidora Record de Serviços de Imprensa S. A. e Editora Best Seller Ltda são empresas do Grupo Editorial Record.

www.vivalivros.com.br

Design de capa: Marianne Lépine sobre imagem Fotolia.

Todos os direitos reservados. Proibida a reprodução, no todo ou em parte, sem autorização prévia por escrito da editora, sejam quais forem os meios empregados.

Direitos exclusivos de publicação em língua portuguesa para o Brasil em formato bolso adquiridos pelas Edições BestBolso um selo da Editora Best Seller Ltda.
Rua Argentina 171 – 20921-380 – Rio de Janeiro, RJ – Tel.: (21) 2585-2000.

Impresso no Brasil

ISBN 978-85-8103-007-4

Sumário

Prefácio	7
Lei 1 A espantosa lei do contato com a mente cósmica	11
Lei 2 A lei secreta da fé	25
Lei 3 A lei milagrosa da cura	38
Lei 4 A lei dinâmica da proteção	58
Lei 5 A lei misteriosa da orientação interior	77
Lei 6 A poderosa lei da coragem	88
Lei 7 A lei maravilhosa da segurança	105
Lei 8 A lei mágica da alimentação da mente	117
Lei 9 A grande lei do amor	126
Lei 10 A lei positiva do controle emocional	139
Lei 11 A lei emocionante da harmonia matrimonial	154
Lei 12 A lei magnífica da paz de espírito	170
Lei 13 A lei da prosperidade automática e sempre renovada	184
Lei 14 A penúltima lei da criação	195
Lei 15 A lei suprema da vida infinita	208

Prefácio

Este livro pode realizar em sua vida o que talvez pareça magia. Magia é a obtenção de efeitos produzidos por forças que ainda não estão ao alcance de nossa compreensão. À medida que você começa a entender os processos aqui discutidos, eles deixam de parecer mágicos, mas continuam sendo impressionantes. Imagine um visitante de um século distante o observando enquanto você aciona a Internet para obter informações de um banco de dados a meio mundo de distância, e em seguida troca mensagens instantâneas com um amigo que reside em outro país, tudo ao som de uma sinfonia executada por uma orquestra completa. Esse visitante ficaria convencido de que você é um grande mágico ou feiticeiro. Porém, como conhecemos o funcionamento desses dispositivos, para nós eles nada têm de mágicos.

Todas as forças fundamentais são, por sua natureza, ocultas. Além disso, embora todas as coisas sejam criações da mente, não sabemos realmente o que vem a ser essa mente. Não podemos analisá-la sob um microscópio, nem vê-la, mas, ainda assim, podemos descobrir como funciona. Então, descobrimos nela um poder oculto que nos ergue e nos leva à estrada real para a felicidade, a liberdade e a paz de espírito.

Como você usa diariamente seu poder cósmico

Não sabemos o que é eletricidade. Apesar de conhecermos algumas de suas propriedades, a natureza interna dessa força continua longe do nosso conhecimento. Todos nós, portanto, usamos poderes incomuns durante o dia inteiro. Não compreendemos, por exemplo, como podemos erguer ou mover um dedo usando apenas a vontade expressa da mente. Há quem diga que o movimento de um dedo perturba a estrela mais distante no firmamento. É claro, portanto, que todos conhecemos bem o que poderia ser denominado de magia, embora não receba esse nome no linguajar comum. Só chamamos de magia as coisas raras e que não compreendemos.

Você tem uma mente, e nas páginas deste livro aprenderá como usá-la de forma mais eficaz. Como resultado, maravilhas acontecerão em sua vida.

Como este livro pode mudar sua vida

Este livro contém a chave para reconstruir toda a sua vida. Foi escrito para você. Nos seus 15 capítulos, em linguagem simples, prática e realista, são explicados processos e técnicas para habilitá-lo a usar os poderes mágicos da Mente Universal, existentes em você, para lhe trazer saúde, felicidade e prosperidade, além de uma total sensação de satisfação e realização pessoal.

Enquanto lê as histórias fascinantes e encantadoras contadas nestas páginas, você vai compreender, sem deixar margem a dúvidas, como outras pessoas realizaram maravilhas usando os poderes especiais nelas existentes. Este livro lhe mostra como mudar a si mesmo a partir de seu interior. O Poder Cósmico existe dentro de você. As informações contidas nestas páginas lhe mostram como descobri-lo e usá-lo.

Por que nenhum de seus problemas tem que continuar sem solução

Há solução para todos os problemas. Acredito sinceramente que você vai encontrá-la nestas páginas. O Poder da Mente Universal é o maior em existência no mundo. Este poder, capaz de lhe conceder o que você desejar, está em sua mente, que é una com a Mente Universal.

Este livro ensina como e o que pensar, além de como dirigir a mente para que milagres aconteçam em sua vida. Nestas páginas, você descobrirá conhecimentos de valor inestimável que lhe tornarão possível banir para sempre os venenos letais e destrutivos do medo, das preocupações e do ciúme.

Enquanto lê e aplica o poder especial da mente, da forma aqui explicada, você inicia uma grande e maravilhosa aventura de desenvolvimento mental e espiritual, jornada essa que lhe trará dividendos fabulosos em termos de saúde, riqueza, amor e expressão pessoal. Ela será extremamente gratificante e, de agora em diante, você olhará para a frente com alegria e entusiasmo. Continue em sua maravilhosa jornada por meio deste livro, até que advenha o dia em que desapareçam todas as trevas.

Lei 1
A espantosa lei do contato com a mente cósmica

A prece é, sempre, a solução. Deus é... *socorro muito presente nas tribulações* (Salmos 46:1). O Novo Testamento nos diz que *tudo que pedirdes em oração, crendo, recebereis* (Mateus 21:22). Se assim for – e provas incontáveis disso nos cercam todos os dias –, a prece é a mais poderosa força em todo o mundo.

Pouco importa qual o problema ou quão grande seja a dificuldade ou complicada pareça a questão, a prece pode solucioná-los e trazer um final feliz e agradável. Após a reza, tome quaisquer medidas práticas que pareçam indicadas, porque a prece o guiará e dirigirá seus passos.

Rezar é entrar em contato, comunicar-se e sintonizar-se com a Inteligência Infinita, que responde conforme a natureza de seu pensamento e crença. A prece trará aquilo que quiser e de que necessitar na vida, desde que, objetiva, sincera e retamente, siga as leis de sua mente. A todo momento, a prece produz o aparentemente impossível e cura o denominado incurável. Não há, na história da humanidade, problema concebível que não tenha sido, em alguma ocasião, resolvido pela prece.

Pessoas de todas as eras, de todos os países e religiões acreditaram no poder milagroso da prece. *Deus não discrimina pessoas* (Atos 10:34), e a Ele todos podem recorrer, sem considerações de raça ou credo. Aqueles que receberam respostas maravilhosas às suas preces reconheceram, honraram e manifestaram devoção à Inteligência Infinita compreensiva e receptiva existente no íntimo de todos os seres humanos.

Lembre-se de que Deus é onipotente, onisciente e onipresente, e que, para Ele, o tempo, espaço, a matéria ou as mudanças imprevisíveis da humanidade não são limitações. É fácil compreender, portanto, que não pode haver limite ao poder da prece, porque *para Deus tudo é possível* (Mateus 19:26).

O MILAGRE DA PRECE

Há mais de sessenta anos, um homem foi condenado por homicídio nos Estados Unidos. A sentença: morte por enforcamento. Durante o tempo entre o julgamento e a data da execução, esse homem descobriu o amor de Deus. Orou a Ele para que o perdoasse e o poupasse. Havia de fato cometido o crime pelo qual fora condenado, mas ouviu ou leu que Deus era o "salvador daquele que pecou". Acreditando sinceramente nesse pensamento, mentalizou-o todos os dias. Quando o prisioneiro foi levado para o cadafalso, o alçapão, que geralmente se abre sob os pés do condenado, travou e não cedeu. O carrasco e seus ajudantes tentaram, repetidas vezes, soltá-lo, mas de nada adiantou. No fim, o condenado acabou sendo trazido de volta à cela, e a pena foi comutada em prisão perpétua. Nos seus últimos anos, ele se transformou em uma inspiração espiritual para seus companheiros de prisão.

O amor de Deus, na verdade, ultrapassa toda compreensão e ilumina o caminho que trilhamos. As suas maravilhas e bênçãos não têm fim.

Deus não condena nem julga pessoa alguma. Diz a Bíblia: *Tu és tão puro de olhos que não podes ver o mal, e a opressão não podes contemplar...* (Habacuque 1:13). Você se julga por seus conceitos e crenças. Está sempre escolhendo pensamentos e, dessa maneira, julga a si mesmo. Deus, contudo, o vê como perfeito. O Perfeito não consegue ver imperfeição. Quando você evolui em consciência até o ponto de se perdoar e purificar a mente e o coração, o passado é relevado. É como se nunca tivesse acontecido.

Muitas vezes nos dizem que "aquilo que o homem semear, ele também colherá". No entanto, isso é simplificar demais as coisas. Sim, colher o que se plantou é a lei do mundo, mas apenas enquanto você não orar e meditar nas verdades de Deus. Por mais horrendo que seja o crime ou mais vil a iniquidade, podem ambos ser expurgados da mente, juntamente com todo castigo que normalmente se seguiria. Meras afirmações e preces mecanicamente recitadas, porém, não mudarão coisa alguma. O essencial é a fome e a sede profundas do amor e da paz de Deus, além do desejo intenso de se reformar. Essa combinação, sim, tem o poder de afastar o castigo que, de outra maneira, se seguiria inelutavelmente ao pensamento destrutivo.

A PRECE PODE MUDAR SUA VIDA

Há cerca de vinte anos, na Inglaterra, tive uma longa conversa com um homem que me confessou ter cometido assassinato. Nem todas as circunstâncias eram incriminatórias – ele pensara estar defendendo a própria vida –, mas, de fato, cometera um crime. No entanto, queria ardentemente se transformar, renascer mental e espiritualmente. Ao fim de nossa conversa, redigi uma prece especial e sugeri que, várias vezes por dia, passasse de 15 a 20 minutos nela meditando. Ele deveria, tranquila, silenciosa e amorosamente, dizer e sentir que o amor, a paz, a beleza, a glória e a alegria de Deus fluíam por sua mente e seu coração, purificando, curando e lhe restaurando a alma. Enquanto ele assim procedia todos os dias, esses atributos de Deus começaram aos poucos a nele renascer.

Meses depois, ele me disse que, certa noite, a sua mente, o corpo e o cômodo onde se encontrava se encheram de luz fulgurante. Tal como acontecera com o apóstolo Paulo, a luz o cegara realmente durante certo tempo. Ele me disse que tudo que conseguia recordar é que tivera certeza de que todo o mundo estava nele e que sentia o êxtase e o embevecimento do amor de Deus. Seus sentimentos eram indescritíveis. Esse é um momento a durar para sempre. Ele, na verdade, era um novo homem: experimentara e expressara o amor divino na mente e no coração. Eu soube mais tarde que ele começara a ensinar a outras pessoas como viver, e tenho certeza de que continua a fazer isso em algum lugar.

VOCÊ PODE SE TORNAR AQUILO QUE ALMEJA SER

Arthur T. me procurou, em busca de conselho.

– Aparentemente, não sei como me manter em um emprego, disse ele.

"Algumas pessoas poderiam dizer que a culpa é toda minha. Realmente, não consigo me entregar de corpo e alma ao trabalho. Para dizer a verdade, às vezes nem mesmo me preocupo em dar as caras no trabalho. Aquilo tudo é tão mundano e irrelevante. Concentro meus pensamentos em um sentido mais nobre.

– O que é quer dizer com isso? – perguntei.

– Para mim, só há uma coisa importante – respondeu ele. – Ir para o céu quando morrer. Tudo mais é banal, certo?

– Não exatamente – repliquei. – O que chamamos de céu é, na realidade, outra palavra para a mente tranquila. No contexto da consciência cósmica, não há morte física. A única morte real é um processo psicológico, no qual o homem permite que suas faculdades espirituais sejam atrofiadas por ignorância, medo, superstição e indolência. Pelo que me disse, você corre um grande perigo de ter essa morte.

Arthur ficou muito chocado.

– Por favor, diga-me o que posso fazer – implorou ele.

– Você precisa trabalhar para restabelecer a fé, o entusiasmo, a confiança e a expressão autêntica de si mesmo em sua vida – retruquei então.

Por sugestão minha, Arthur começou a orar para que a Inteligência Infinita o guiasse e dirigisse para a expressão autêntica e para que prosperasse espiritual, mental e materialmente. Aos poucos, ele começou a desenvolver novo interesse e entusiasmo pela vida e a se empenhar vigorosamente no trabalho. Não só conservou o emprego, como pouco tempo depois foi promovido a um cargo de mais responsabilidade. A nova atitude mental mudou tudo em sua vida. Ao descrever as mudanças maravilhosas que lhe aconteceram, ele me disse:

– Não tenho mais que pensar em minhas probabilidades de ir para o céu. Já estou vivendo nele.

UMA PRECE POR PERDÃO

Doreen B. me contou que jamais conseguira se recuperar dos maus-tratos que sofrera quando criança. Fora criada pelos tios, depois de perder os pais num acidente.

– Aquela maldade ainda me assombra – contou ela. – Acordo todas as noites perguntando a mim mesma como alguém podia atormentar dessa maneira uma criança. Por mais que me dedicasse, era castigada por desarrumar a casa, fazer barulho, não fazer meus deveres escolares de maneira rápida e perfeita. Era horrível!

– Por que você acha que a tratavam dessa forma? – perguntei.

– Era parte das crenças deles – respondeu ela. – Achavam que estavam expulsando o demônio de mim. E tudo que eu fazia era apenas mais um sinal de que ainda não haviam conseguido.

Os olhos de Doreen se encheram de lágrimas.

– E quer saber o que é realmente horrível? – continuou ela após um momento. – Eles me convenceram. Logo que qualquer coisa errada me acontece, penso imediatamente: "Eu mereço isso." Por mais que tente, não consigo me perdoar por não ser perfeita.

Expliquei a Doreen que se perdoar implicava estender esse mesmo perdão àqueles que a magoaram.

– Lembre-se das palavras contidas na Bíblia:
E quando estiverdes orando, se tendes algo contra alguém, perdoai... (Marcos 11:25).

Ensinei-lhe, em seguida, um método simples, mas eficaz, de se perdoar.

– Pense em Deus e no Seu amor por você – disse-lhe. – Tranquilize a mente, relaxe e se solte. Em seguida, faça a seguinte oração:

Livre e plenamente, perdoo (pense no nome daquele(a) que o(a) ofendeu). Liberto-o(a) mental e espiritualmente. Perdoo inteiramente tudo que se liga a esse fato. Estou livre, ele (ela) está livre. É uma sensação maravilhosa.

Esse é meu dia de anistia geral. Liberto todos os que algum dia me magoaram e a todos desejo saúde, felicidade, paz e todas as bênçãos da vida. Faço isso livre, alegre e amorosamente. Sempre que pensar em quem me magoou, direi: "Eu te (vos) libertei, e que todas as bênçãos da vida caiam sobre ti (vós)." Estou livre, e eles estão livres. É maravilhoso!

Como descobriu Doreen, o grande segredo do verdadeiro perdão é que, uma vez que tenha perdoado alguém, não há mais necessidade de repetir a oração. Quando se lembrar da pessoa ou da mágoa particular que ela lhe causou, deseje-lhe o bem e diga: "Que a paz esteja contigo." Faça isso tantas vezes quantas o pensamento vier em sua mente. Após alguns dias, a lembrança da pessoa ou da experiência se tornará cada vez mais rara, até desaparecer.

COMO A INTELIGÊNCIA INFINITA ATENDEU A SUA PRECE

Há muitos anos dei palestras no Temple of Higher Thought [Templo do Pensamento Elevado], em Auckland, Nova Zelândia. Ao fim de uma delas, Douglas R. me procurou.

– Há dois anos, minha filha se mudou para os Estados Unidos, para a cidade de Nova York – disse ele. – Desde então, nunca mais nos vimos. Gostaria muito de visitá-la, mas não tenho dinheiro suficiente.

– Prestou atenção à palestra de hoje? – perguntei.

– Prestei, claro – respondeu ele. – Mas...

– Entendo suas dúvidas – respondi. – Mas você precisa ensinar a si mesmo a expulsá-las da mente. Tente o seguinte: várias vezes por dia, vá para um lugar tranquilo, relaxe e afirme para você mesmo: *No contexto da ordem divina, a Inteligência Infinita abre o caminho para que eu visite minha filha em Nova York*. Todas as noites, antes de dormir, visualize-se no terminal do aeroporto de Nova York. Torne as imagens tão nítidas e reais quanto possível. Sua filha o recebe com um grande abraço de boas-vindas e diz: "Papai, que bom ver você finalmente." Veja a alegria no rosto dela e ouça o amor em sua voz.

– Vou tentar – prometeu ele.

Antes de deixar Auckland, recebi um telefonema de Douglas no hotel.

– Um milagre aconteceu – disse ele. – Há anos, fui sócio em um negócio com uma pessoa que me enganou em milhares de libras. Hoje, recebi uma carta de um advogado de Sydney, Austrália. Meu ex-sócio faleceu no mês passado. Em seu testamento, ele me deixou 5 mil libras. Já fiz minha reserva num voo para Nova York!

A Inteligência Infinita é onisciente. Responde e reage sempre de acordo com a natureza do pedido. Seus caminhos estão além de nossa compreensão.

A PRECE VENCE O PRECONCEITO RACIAL

Quando era mais moço, servi no Exército. Isaac G. era soldado de meu batalhão. Certo dia, ele me disse:

– Sempre sonhei em ser médico. Durante dois anos seguidos, tentei me matricular na faculdade de medicina, mas fui recusado em ambas as ocasiões. Acho que vou desistir do meu desejo.

– Por que você foi recusado? – perguntei. – Teve notas baixas na escola?

– De jeito nenhum – respondeu ele. – Minhas notas eram acima da média. E sei que meus professores me recomendaram. Não, estou convencido de que foi simplesmente uma questão de preconceito. A faculdade de medicina já tem estudantes demais de minha origem racial, e por isso me recusou.

Eu não tinha como saber se estava correta a conclusão de Isaac. No entanto, de fato sabia que, naqueles dias, essas coisas aconteciam em alguns lugares. Na verdade, continuam a acontecer. De qualquer modo, vi que ele estava convencido do que havia dito. Eu, porém, lhe disse que a Inteligência Infinita não discrimina raças e responde a todas as pessoas de acordo com aquilo em que acreditam.

Durante longo tempo conversamos sobre as relações entre as mentes consciente e subconsciente. Por fim, Isaac começou a compreender que sua mente subconsciente tinha a solução para o problema, bastando que a ela o submetesse.

Aconselhei-o a fazer uma experiência. À noite, quando estivesse pegando no sono, deveria imaginar um diploma de médico com seu nome, certificando que estava qualificado para exercer a profissão. Deveria ainda segurar o diploma e sentir orgulho de sua realização. Ele se esforçou para tornar a imagem tão real e natural quanto possível, a fim de impressionar a mente subconsciente.

Certa manhã, pouco tempo depois, ele veio me procurar.

– Estou com a impressão de que algo vai acontecer – disse ele. – Por alguma razão, acho que não vou ficar aqui por muito tempo.

Era a mente subconsciente lhe dizendo: "Tudo vai correr bem."

Mais tarde, naquele mesmo dia, foi chamado à presença do comandante. Alguém no Departamento de Recursos Humanos notara o treinamento de paramédico na ficha de Isaac e recomendara que ele se submetesse a uma triagem. Se passasse com boas notas, seria enviado a uma faculdade de medicina, com todas as despesas custeadas pelo Exército. Isaac não teve dificuldades para ser aprovado no exame e logo depois começou a estudar medicina. O que fez então foi deixar que a Inteligência Infinita lhe abrisse as portas para se tornar aquilo que desejava no fundo do coração.

A PRECE ABRE AS PORTAS DA PRISÃO

Há alguns anos, atendendo a um pedido da família, visitei Gordon J., que cumpria pena em uma penitenciária no norte de Nova York.

– Você veio me dizer que estou livre? – indagou ele. – Se não veio, por que está aqui?

– Estou aqui para ajudá-lo a encontrar conforto nesta situação – respondi.

– Ah, por favor! – explodiu ele. – Minha situação! Vou ficar mofando aqui nos próximos cinco anos por um crime que nem mesmo cometi. Caras que fazem coisas muito piores do que as que jamais fiz estão soltos por aí, livres como passarinhos, gozando a vida. Em cada minuto de minha vida, tudo o que faço é rezar para ser solto. E você quer que eu encontre conforto nesta situação? Você não bate bem!

A maior causa da amargura de Gordon era estar preso por um crime que não havia cometido. Enquanto conversávamos, porém, ele confessou espontaneamente que, antes de ser condenado, vinha travando uma guerra solitária contra a sociedade e contra a Regra de Ouro – os preceitos fundamentais do Evangelho.

– Você já estava na prisão muito antes de o mandarem para cá – disse-lhe. – Construiu sua própria prisão... uma prisão psicológica de ódio e inveja. Mesmo que saia daqui amanhã, vai levá-la com você. Porém, se estiver disposto a livrar-se dessas atitudes negativas, vai descobrir a autêntica liberdade, ainda que continue atrás destes muros.

Dei-lhe instruções detalhadas sobre como mudar de atitude mental. Ele começou a rezar pelos que odiava, afirmando com frequência: "O amor de Deus flui através deles. Desejo sucesso, felicidade e paz a todos eles." Continuou a fazer isso muitas vezes por dia. À noite, antes de ir dormir, imaginava-se de volta à casa, na companhia da família. Via-se com a filhinha nos braços e ouvia sua voz, dizendo: "Que bom que você está em casa, papai."

Gordon pôs a imaginação para funcionar. Após algum tempo, tornou a situação tão real, natural e vívida que ela virou parte dele. Havia conseguido impregnar o subconsciente com a crença na liberdade.

À medida que continuava, descobria que não se sentia mais obrigado a rezar por liberdade. Havia aí um indiscutível sinal psicológico de que tinha internalizado esse desejo. Estava em paz, e embora ainda atrás das grades, sabia no íntimo que estava livre. Era um conhecimento interior. Tendo realizado subjetivamente o desejo, não sentia mais compulsão para orar por sua concretização.

Meses depois, soube que Gordon havia sido solto. Amigos que nunca perderam a fé nele descobriram novas provas que atestavam sua inocência. A porta de uma nova vida se abriu para ele.

A PRECE DA NAMORADA O SALVOU DE UM DESASTRE FINANCEIRO

Ramona S. não faltava às palestras semanais que eu ministrava sobre um de meus livros, *O poder do subconsciente.** Após uma dessas palestras, ela me procurou e começou a chorar.

Quando recuperou o controle, disse:

– Não sei o que fazer. Mike, meu namorado, tem uma loja de computadores que durante muito tempo foi um excelente negócio, e ele sentia grande orgulho de seu sucesso. Agora, de repente, ele me disse que pode perdê-la.

– Por quê? – perguntei. – Qual é o problema?

Ela sacudiu a cabeça, perdida.

– Não sei – respondeu. – Ele diz que não consegue pagar as contas. Pode até mesmo perder o apartamento e o carro. Tudo está ligado à loja. Estávamos pensando em casar, mas agora... Não é possível. Não vejo nenhuma solução. É uma situação que não tem saída.

– Ramona, o que você está fazendo quando diz coisas assim? – perguntei.

– Contando a situação como ela se apresenta! – respondeu ela, amargamente. – Não, entendo o que o senhor quer dizer.

---

*Publicado no Brasil pelas Edições Viva Livros, 2012. (*N. do E.*)

Estou enchendo minha mente subconsciente com pensamentos de fracasso, não é?

– Exatamente – confirmei. – E o que você deve fazer?

– Inverter essa situação – retrucou ela. – Foi isso o que aprendemos aqui, não foi? Mas como?

– Em primeiro lugar, fique em um estado bem tranquilo, passivo e receptivo – expliquei. – Em seguida, crie em você o sentimento de que há uma solução para Mike e para você.

Todas as noites, Ramona ia dormir pensando na maravilhosa verdade que se configurava: "Tenho certeza de que, por meio da sabedoria de minha mente subconsciente, há uma solução para nós. No contexto da ordem divina, aceito a solução e o final feliz."

Por sugestão minha, ela continuou a reforçar esse pensamento. Três ou quatro vezes por dia, entrava no estado de espírito, ou sentimento, de que se afigurava uma saída para o namorado.

Ao utilizar essa técnica de oração, rejeitava deliberadamente a prova de seus sentidos, incluindo a do "bom-senso". Em busca dessa solução, ela recorria à sabedoria do subconsciente.

Em menos de duas semanas, Mike ligou para ela e lhe disse que havia acontecido um milagre. Acabava de receber um e-mail de seu maior fornecedor reconhecendo que, involuntariamente, vinha há mais de dois meses cobrando mais do que devia da loja de Mike. Suas contas não estavam mais em atraso. Na verdade, tinha até uma boa soma a seu crédito.

A solução para os problemas de Mike e Ramona havia surgido inesperadamente, em resposta às suas preces repletas de fé. Como diz a Bíblia:

Antes que chamem, eu responderei; estando eles ainda falando, eu os ouvirei (Isaías 65:24).

SUA PRECE DIÁRIA

Eu sei que, qualquer que tenha sido a atitude negativa de ontem, minha prece ou afirmação da verdade se erguerá hoje triunfante sobre ela.

Hoje é o dia de Deus, um dia glorioso para mim. Estou pleno de paz, harmonia e alegria. Ponho minha fé na bondade, na orientação e no amor de Deus. Estou absolutamente convencido de que minha mente mais profunda registra meus atuais pensamentos e que estou atraindo irresistivelmente para minha vida tudo de bom que meu coração deseja. Neste momento, ponho toda a minha esperança, fé e confiança no poder e na sabedoria do Deus que existe em mim. Estou em paz.

Ouço o convite da Presença Divina em mim, dizendo: *Vinde a mim todos os que estais cansados e sobrecarregados e eu vos aliviarei* (Mateus 11:28).

Eu repouso em Deus. Tudo está bem.

PONTOS A LEMBRAR

1. A prece é sempre a solução. É um desejo endereçado a Deus, e Ele atende.
2. Para Deus, tudo é possível. Deus é todo-poderoso, e para ele não existem obstáculos.
3. A fé completa e total em Deus pode salvá-lo da morte.
4. Deixe que o amor e a paz divina penetrem em seu coração, e o passado será apagado e nunca mais lembrado.
5. A mudança de atitudes ajudará em tudo a sua vida, e todo o seu mundo se transformará magicamente na imagem e semelhança de sua convicção dominante.
6. Na prece, ignore as dúvidas e os medos, reconhecendo que a Inteligência Infinita sabe qual é a solução e tem o *know-how* para levá-lo ao sucesso.

7. A inteligência criativa, que é a presença de Deus em todos, não dá a ninguém tratamento especial e responde a todos segundo aquilo em que acreditam.
8. A prece o liberta quando você vive em uma prisão psicológica de ódio, inveja e vingança.
9. Sempre há uma solução. Acalme a sua mente e saiba que Deus conhece é essa solução, e como Ele sabe, você também sabe. *Eu e o Pai somos um* (João 10:30).
10. *Por isso vos digo que, tudo quanto em oração pedirdes, crede que recebereis, e será assim convosco.* (Marcos 11:24).

Lei 2
A lei secreta da fé

Fé é uma maneira de pensar, uma atitude mental que produz resultados. A fé mencionada na Bíblia é uma convicção com base em leis e princípios eternos que jamais mudam. Fé é a fusão de pensamento e sentimento, ou mente e coração, tão a completa, inalterável e indestrutível, que nenhum acontecimento externo pode abalar.

No Capítulo 11 do Evangelho de Marcos, há um versículo maravilhoso, o 23, que fala do poder da fé:

> *Porque em verdade vos afirmo que se alguém disser a este monte* (o problema, a dificuldade) *ergue-te e lança-te ao mar* (sejas erradicado, dissolvido, representando o "mar" nesse contexto o subconsciente, onde ocorre a cura ou solução e os problemas desaparecem), *e não duvidar no seu coração* (coração significa mente subconsciente, isto é, o pensamento consciente e o sentimento subjetivo devem concordar), *mas crer que se fará o que diz, assim será com ele.*

Essas grandes verdades são muito claras. Há em você poder e sabedoria que podem erguê-lo da pobreza e da doença, revelar-lhe a resposta à sua prece e colocá-lo no caminho da felicidade, da paz de espírito, da alegria e dos relacionamentos harmoniosos com todas as pessoas e com todo o mundo.

O PODER DA FÉ FAZ MARAVILHAS

Há alguns anos, em um voo, sentei-me ao lado de um senhor que me disse ser membro da equipe de vendas de uma grande empresa de produtos bioquímicos que empregava centenas de profissionais. William B., seu nome, perguntou-me o que eu fazia, e respondi que dava palestras motivacionais.

– Gostaria de tê-lo conhecido há algumas semanas – respondeu ele. – Eu bem que precisava de um pouco de motivação. E ainda preciso, por falar nisso.

– Qual é o problema? – perguntei.

– Bem, a gerente de vendas de minha divisão anunciou de repente que ia se aposentar mais cedo – continuou ele. – Quando eu menos esperava, o chefe *dela*, que eu só conhecia de seminários e reuniões, me chamou e me convidou para assumir o cargo.

– Parabéns – disse-lhe.

– Calma – respondeu ele, levantando a mão espalmada como um guarda de trânsito. – Eu disse que não. Recusei a oferta. Venho me censurando desde então, mas foi isso o que fiz.

Observei atentamente o seu rosto e vi sinais de uma luta interior.

– Entendo – respondi. – Quais foram as razões?

Ele soltou uma risada curta e amarga.

– Ah, muitas, mas todas falsas. O fato é que fiquei com medo de aceitar. Medo não, pavor. Como é que eu podia dar conta desse tipo de responsabilidade? Tinha certeza de que ia meter os pés pelas mãos. Sabe o que fiz? Recusei a maior oportunidade que deve aparecer em toda a minha vida.

Lembrei-me do que Shakespeare escrevera: "Nossas dúvidas são traidoras, fazendo-nos perder, por medo de tentar, o bem que frequentemente poderíamos ter." William acreditava profundamente no negativo, na sua incompetência e incapacidade de aceitar uma promoção e enfrentar desafios.

Conversamos durante o resto da viagem e voltamos a nos encontrar no dia seguinte em Nova York. Por sugestão minha, ele se comprometeu a fazer, várias vezes por dia, a seguinte afirmação:

> Estou redirecionando meus pensamentos e sentimentos. Não preciso de mais fé, mas devo usar e aplicar da maneira certa a que já tenho. Sei que minha mente subconsciente reage de acordo com minhas crenças sobre mim mesmo. Tenho fé no Deus do meu interior e sei que Ele está me guiando e dirigindo. Nasci para ter sucesso, e a Inteligência Infinita me revela uma nova oportunidade. Sei que estou pleno de confiança e equilíbrio. Acredito em todas as coisas boas e vivo na alegre expectativa do melhor.

Quando começou a se identificar mental e emocionalmente com essas ideias, mudou a maneira como ele via o emprego e a vida. Não muito tempo depois, ofereceram-lhe um cargo de chefia em outra divisão da firma. Dessa vez, aceitou, repleto de alegria. Esse é o poder mágico da fé em ação.

TODOS TÊM FÉ

Todos têm fé em algo. Alguns, no fracasso, na doença, nos acidentes, na infelicidade. Quando ouvir exortações dizendo que precisa ter fé, lembre-se de que você já a possui. A questão é como a usa – construtiva ou negativamente?

As crenças e atitudes mentais, que representam as formas adotadas pela fé, constroem nosso céu e inferno. Qual é a sua fé? A fé mais nobre, grandiosa e sublime se baseia em princípios eternos, isto é, que jamais mudam. Tenha fé na lei criativa de sua mente, na bondade de Deus e em todas as coisas boas, na expectativa confiante de que terá o melhor, e na crença firme, gravada no coração, de que a Inteligência Infinita o tirará de dificuldades e lhe mostrará o caminho. Desenvolva uma convicção firme no poder de Deus de solucionar seus problemas e de curá-lo. Tenha fé na Inteligência Invisível que reside em seu interior, que o criou, que tudo pode e que lhe permite caminhar sobre as águas do medo, da dúvida, da preocupação e de perigos imaginários de todos os tipos.

FÉ NO INVISÍVEL

Disse o apóstolo Paulo: *A fé é a certeza de coisas que esperamos a convicção de fatos que não vemos* (Hebreus 11:1).

Todos os grandes cientistas, místicos, poetas, pintores e inventores são dotados de uma fé duradoura e confiante nos poderes invisíveis existentes no homem. Cientistas e inventores têm fé na possibilidade de pôr em prática a "ideia". A ideia da Internet, por exemplo, embora invisível, era real na mente de seu inventor, como também a do automóvel na mente de Henry Ford, e a de uma nova estrutura na mente do arquiteto. A ideia deste livro está em minha mente, e estas páginas brotam de ideias, pensamentos, imagens e crenças invisíveis existentes em mim.

Você precisa compreender que seu desejo, ideia, sonho, nova peça de teatro, livro, roteiro, viagem, iniciativa ou aventura, tudo que passa em sua mente é real, ainda que de modo invisível. A certeza dessa realidade, que tem forma, contornos e substância no plano mental, e que está tão viva em você quanto sua mão no plano objetivo, lhe dá fé. Esse conhecimento lhe dará meios de caminhar sobre as águas da confusão, das lutas e do medo até um local de convicção, nas profundezas de sua mente subconsciente. Tudo transmitido ao subconsciente é projetado na tela do espaço, e é dessa maneira que as ideias se transformam concretamente.

A FÉ O LEVOU AO TRIUNFO

Enquanto dava palestras em São Francisco, conheci Arthur R., gerente-geral de uma grande empresa. Ele me confidenciou que havia perdido a fé. Sentia-se muito infeliz e deprimido pelo rumo que sua carreira estava tomando.

– Sou subordinado a duas pessoas: o vice-presidente executivo e o presidente – explicou. – Ambos vivem me criando problemas. Não importa o que eu sugira, eles são automaticamente contra. Os dois, aliás, estão enterrando a empresa. Dentro de pouco tempo, minhas opções para compra de ações não terão nenhum valor. Desperdicei cinco anos nessa empresa. Mas o pior é que não tenho a mínima fé na capacidade de fazer algo para amenizar a situação.

– Você tem razão a respeito de pelo menos uma coisa – respondi. – A pior parte de sua situação *é* sua falta de fé. Se não quiser demonstrar sua confiança nos poderes invisíveis que há em você, tudo o que fizer vai dar errado.

– Poderes invisíveis! – escarneceu ele. – Desculpe, mas não quero menosprezar suas crenças. Tenho certeza de sua sinceridade. Quanto a mim, acredito no que posso ver, ouvir, tocar, provar ou cheirar. No meu sistema, não há lugar para ideias místicas.

Com um pequeno sorriso, respondi:

– Entendo. Muitas pessoas pensam da mesma maneira. Mas *onde* é que pensam assim? O senhor pode apontar precisamente o local desse ceticismo?

– Ora, na mente, acho – respondeu ele. – O senhor vai me perguntar onde fica minha mente. Tudo bem. Tenho que confessar que não sei exatamente.

– Mas o senhor sabe que tem uma mente – disse eu.
– A menos que eu a tenha perdido – brincou ele. – Não, entendo bem o que o senhor quer dizer.
– O senhor tem filhos? – perguntei. Ele fez que sim com a cabeça. – Ama-os? Pode *ver* esse amor? Ou apenas vê os seus efeitos no mundo? O mesmo acontece com a Inteligência Infinita, que existe no senhor e em todas as pessoas. Não podemos vê-la, não podemos localizá-la com uma radiografia do cérebro, mas podemos ver seus efeitos no mundo.

Enquanto continuávamos a conversar, Arthur compreendeu uma importante verdade. Para progredir no mundo dos negócios e alcançar paz de espírito e sucesso, ele teria de se apoiar em uma sabedoria e um poder maiores do que seu intelecto. Precisava entrar em contato com aquilo que é real e eterno. Tomou a decisão bem pensada de se unir mental e emocionalmente ao poder interior da mente subconsciente.

Por sugestão minha, resolveu repetir várias vezes a seguinte prece:

Todos os que trabalham aqui são elos espirituais, maravilhosos, à semelhança de Deus, na corrente de seu crescimento, estabilidade econômica e prosperidade de nossa empresa. Em pensamentos, palavras e atos, transmito boa vontade a todos com quem trabalho. Sinto-me repleto de amor e boa vontade em relação ao presidente e vice-presidente da empresa. A Inteligência Infinita, através de minha pessoa, toma todas as decisões. Em minha vida, só pratico ações corretas. Envio a todos os que trabalham neste escritório os mensageiros mentais de paz, amor, alegria e harmonia, e a paz de Deus reina suprema na mente e no coração de todos, inclusive no meu. Inicio agora um novo dia, pleno de fé, convicção e confiança.

Arthur repetiu essa prece, lentamente, quatro ou cinco vezes por dia, sentindo a verdade existente nessas palavras. Infundiu nelas vida, amor, verdade e confiança, que penetraram em sua mente subconsciente. Quando, durante o dia, pensamentos de medo ou raiva lhe surgiam na mente, dizia para si: "A paz de Deus enche minha alma." Após algum tempo, os pensamentos nocivos deixaram de aparecer, e a paz recaiu sobre sua mente.

Tempos depois, recebi uma carta de Arthur. Ao fim de duas semanas, o presidente e o vice o chamaram para uma conversa. Apertaram-lhe a mão e lhe disseram que a empresa não poderia ir bem sem sua energia criativa. A fé de Arthur voltou. Ele sabia que, como indivíduo consciente, com capacidade de livre-arbítrio, tinha o poder de escolher o sucesso, a harmonia e a boa vontade, e se colocar acima de todas as circunstâncias e condições. Não estava mais, por conseguinte, sob o domínio de circunstâncias exteriores ou de impressões dos sentidos.

ELA MUDOU A SUA FÉ

Rebecca G. era uma atriz e cantora muito talentosa. Procurou-me porque tinha grande dificuldade em conseguir trabalho na televisão ou no cinema. Submetia-se constantemente a audições de voz e interpretação, mas foi recusada tantas vezes que até passara a ter medo de estar desenvolvendo um complexo de rejeição.

– Mas isso não é realmente de surpreender – reconheceu ela. – Há por aí uma infinidade de atrizes que são mais bonitas do que eu. Acho que esse é o motivo por que sou preterida por elas.

– Essa é uma possibilidade – concordei. – No entanto, entenda, há uma lei da mente que estabelece que oferta e procura são dois aspectos de uma mesma coisa. O que você procura está também à sua procura. Se depositar fé na Inteligência Infinita, ela a dirigirá para seu verdadeiro lugar.

– Como é que posso fazer isso? – perguntou ela. – Por favor, me ajude.

– O que você tem que fazer, em primeiro lugar, é eliminar a certeza de que vai ser rejeitada – expliquei. – Acredite em aceitação, reconhecimento e expressão autêntica de si mesma. Entenda que poderá realizar tudo que sua mente pode imaginar e achar que é verdade.

Rebecca passou a seguir uma nova rotina. Duas vezes por dia, silenciava a mente e eliminava toda a tensão simplesmente conversando com o corpo e lhe dizendo para relaxar. Tinha certeza de que, se lhe desse ordem nesses termos, o corpo teria que obedecer. Nesse estado tranquilo, receptivo e de paz, concentrava por completo a atenção em um contrato imaginário para trabalhar no cinema que tinha na mão. Sentia a alegria e a realidade de tudo aquilo. Desejava ardentemente que o contrato se tornasse realidade. Assumiu como real o que imaginou e teve fé em que aquilo que imaginava e em que acreditava teria que acontecer. Mudou a mente – o estado de fé –, e de acordo com essa fé, a realidade se modificou. Antes do fim do mês, submeteu-se a um teste para uma nova série de televisão e foi escolhida para um papel importante.

E chama à existência as coisas que não existem (Romanos 4:17).

A FÉ O TORNOU INTEIRO

Quando ministrava uma série de palestras em Bombaim, Índia, conheci Basil F., um inglês com grandes problemas nas pernas em função de um desastre de automóvel. Depois de muito tempo sem sair de casa e de intenso tratamento de fisioterapia, conseguira voltar a andar, mas só com muita dificuldade e com a ajuda de uma bengala.

– O que você faria se ficasse curado? – perguntei a ele.

– O que eu faria! – exclamou ele. – Com toda certeza, ia nadar, jogar golfe, disputar partidas de polo e escalar os Alpes. Eu fazia isso todos os anos.

Esse era o tipo de resposta que eu queria ouvir. Disse a ele, com as palavras mais simples possíveis, como readquirir o uso perfeito das pernas. O primeiro passo consistia em imaginar que estava fazendo o que fazia normalmente antes do acidente.

Sugeri que se sentasse em seu gabinete durante 15 a 20 minutos, três vezes por dia, e imaginasse que estava jogando polo. Devia assumir o estado mental de quem, na realidade, estava vivendo o papel de um jogador de polo. Em outras palavras, devia representar um papel tal qual um ator quando está representando.

Basil seguiu fielmente as instruções. Sentiu-se realmente praticando esse jogo. Note bem que ele não se *viu* assim jogando. Isso teria sido apenas uma ilusão projetada fora de si e vista a distância. Não, ele *tornou real* esse estado, vivendo mentalmente o jogo. Tornou a situação tão real que a tangibilidade do bastão e a sensação natural de estar montado no pônei se tornaram autênticas.

Ao meio-dia, tranquilizava a mente, relaxava o corpo e praticamente se sentia em uma pesada roupa de alpinista. Imaginava e fisicamente vivia as sensações de escalar uma montanha nos Alpes, com o ar frio batendo no rosto, enquanto ouvia as vozes dos antigos companheiros de escalada. Vivia a situação e sentia a solidez e a dureza das rochas.

À noite, antes de dormir, jogava uma partida imaginária de golfe. Pegava o taco, segurava a bola, colocava-a no pequeno montículo de areia e desferia a tacada. Descia o taco em um movimento giratório e saboreava o deleite de ver a bola subir no ar e se dirigir para o buraco. Criava a atmosfera de disputar uma boa partida e ia dormir contente e feliz com as experiências imaginárias do dia.

Dois meses depois, as pernas haviam melhorado sensivelmente. Passou a fazer tudo de que imaginava ser capaz. Aos poucos, os quadros mentais impregnaram as camadas mais profundas da mente subconsciente, onde se situa o poder curador. Ocorria uma ação reflexa que correspondia às imagens e aos sentimentos que geravam. A mente subconsciente reproduzia fielmente tudo que nela estava gravado.

A FÉ ESTÁ NA MENTE

Você, na verdade, é invisível. Os outros não veem os motivos, sentimentos, fé, confiança, sonhos, aspirações, anseios ou o Princípio Vital existentes em você. Quando você se lembra disso, sabe também que é invulnerável, invencível e imortal, não é escravo ou vítima das circunstâncias. A Vida Divina vive, move-se e existe em você, e você vive, move-se e existe nessa mesma Vida Divina.

Tudo que existe em seu mundo é uma manifestação da fé que tem no invisível. A Presença Onipotente chamada Deus responde a seus pensamentos e sentimentos. Se, por exemplo, diz "Sou forte e poderoso", tornar-se-á forte e poderoso. A fé é algo que o transforma, porque você manifesta e dá substância objetiva em seu mundo àquilo em que realmente acredita.

Porque, assim como o corpo sem espírito é morto, assim também a fé sem obras é morta (Tiago 2:26). Em outras palavras, você verá as obras da fé na mente, no corpo e nas atividades. Elas aparecerão no seu negócio ou profissão, no lar, nas funções do corpo e em tudo que você fizer. Os frutos são saúde, felicidade, paz, amor, boa vontade, prosperidade, segurança, equanimidade, equilíbrio, serenidade e tranquilidade.

A FÉ NA INTELIGÊNCIA INFINITA

Recentemente, jantei na casa de amigos em Los Angeles. Durante o jantar, conversei com uma moça chamada Colleen M. Quando me disse que trabalhava com computação gráfica, observei:

– Esse é um campo muito ativo atualmente, não?
– Se é – respondeu ela. – Às vezes, até ativo demais! Para dizer a verdade, recentemente tive que enfrentar um problema muito sério. Uma empresa de Nova York ligada à Internet me ofereceu um emprego. O salário seria muito maior do que o atual, mas, claro, teria que me mudar para Nova York.
– Como foi que você decidiu o que fazer? – perguntei, intrigado.
– Fui para um dos meus lugares favoritos, na serra, e com isso tranquilizei a mente – explicou ela. – Em seguida, perguntei a mim mesma: "Como é que estaria me sentindo neste instante se tivesse acabado de tomar a decisão certa sobre esse assunto?"
– E o que você mesma respondeu? – perguntei.
Colleen sorriu e respondeu:
– Eu disse que me sentiria maravilhosamente bem, que me sentiria feliz e confiante na decisão tomada.

Comporte-se como se for, e será. Colleen descobrira em sua própria vida essa verdade. Agira como se tivesse tomado a decisão certa, sabendo que o Princípio Vital criativo é de amor e receptividade, que a ama e quer seu bem. Começou a dizer: "Isso é maravilhoso! Isso é maravilhoso!", repetidas vezes. Naquela noite, preparou-se para dormir repetindo as palavras: "É maravilhoso."

Nessa mesma noite, teve um sonho. Estava de volta a seu local favorito, olhando para o litoral distante. De repente, deuse conta de que, nas moitas, o vento como que lhe sussurrava palavras, dizendo: "Fique onde está! Fique onde está!" Acordou, dando-se conta de que acabava de ouvir a voz interior da intuição.

– O que você fez? – perguntei.

– A única coisa que *poderia* fazer – respondeu ela. – Escutei minha voz interior. Recusei a oferta de emprego em Nova York. E foi bom ter feito isso. O senhor talvez não acredite, mas hoje mesmo soube que a empresa dispensou 30 por cento dos empregados. Se eu tivesse me mudado para lá, poderia estar hoje na rua.

Eu, o Senhor (a lei de sua mente subconsciente), *em visão a ele me faço conhecer, ou falo com ele em sonhos* (Números, 12:6).

USE O PODER DA FÉ

1. A fé é uma atitude mental que obtém resultados.
2. Você não precisa de mais fé. Já a tem de sobra, mas precisa usá-la construtivamente. Dê-lhe direção, com um fim em vista. Tenha fé em saúde, sucesso, paz e felicidade.
3. Todos depositam fé em algo. Onde está a sua? A fé autêntica se baseia em princípios eternos e em valores de vida que nunca mudam.
4. A fé é invisível. É a prova daquilo que não é visto. Cientistas são homens de grande fé, porque acreditam na possibilidade de transformar em realidade suas ideias.
5. Você não pode ver a mente, a vida ou o amor. Embora não possa também ver a fé, pode ancorar a mente no poder invisível que reside em você, e que é real, eterno e todo-poderoso.
6. Troque a fé no fracasso e na rejeição pela fé na aceitação, no reconhecimento e na vida feliz.

7. Tenha fé no Poder Curador. Imagine e sinta que está fazendo agora tudo o que faria se estivesse gozando de perfeita saúde.
8. A fé está na mente, e na mente mais profunda reside a onipotência de Deus, que responde a seus pensamentos e sentimentos. Por isso, você pode superar todas as circunstâncias e condições negativas.
9. Comporte-se e se sinta mentalmente da maneira como se comportaria e se sentiria se sua prece fosse atendida, e descobrirá que o poder mágico da fé fará maravilhas em sua vida.

Lei 3
A lei milagrosa da cura

Só há um poder curador. Numerosos nomes lhe foram dados, como Deus, Presença Curadora Infinita, Natureza, Amor Divino e Princípio Vital, entre outros. Todos eles, diferentes como possam parecer, se referem à mesma verdade cósmica. O conhecimento da existência desse poder retroage às brumas do passado. Uma inscrição encontrada em templos antigos diz: *O médico lava a ferida, e Deus cura o doente.*

A presença curadora de Deus está em você. Nenhum psicólogo, pastor, médico, cirurgião, padre ou psiquiatra cura ninguém. Ao extirpar um tumor, o que o cirurgião faz é remover um bloqueio e abrir caminho para o poder curador de Deus. Analogamente, o psicólogo ou o psiquiatra trabalham para eliminar obstáculos mentais e estimular o paciente a adotar uma nova atitude que contribua para liberar a presença curadora, que passa a fluir pelo doente sob a forma de harmonia, saúde e paz. O pastor lhe pede que perdoe a si mesmo e aos demais, e que sintonize com o Infinito, permitindo que o poder curador do amor, da paz e da boa vontade flua através de sua mente subconsciente, purificando dessa maneira propensões negativas que nela possam estar alojadas.

Essa presença curadora infinita, que Jesus chamou de O Pai, é o agente curativo de todas as doenças, sejam mentais, emocionais ou físicas.

O poder milagroso da mente subconsciente, se corretamente dirigido, pode curar a mente e o corpo de todas as doenças, e eliminar todos os obstáculos que você enfrenta. Seus pedidos serão atendidos, não importando sua raça ou credo. A ele não importa se você pertence a alguma igreja ou se não tem religião. Desde criança, você foi curado centenas de vezes. Pode se lembrar dessa presença e das vezes em que ela o curou de cortes, queimaduras, contusões, arranhões e distensões musculares – milagres que aconteceram sem esforço consciente de sua parte ou sem você saber *como* eles aconteceram.

CURADO DA AÇÃO DE VOZES DO ALÉM

Há alguns anos, um rapaz chamado Dean W. procurou-me, profundamente aflito.

– Acho que estou ficando louco – disse. – Ouço constantemente vozes de espíritos. Elas não me deixam em paz. Dizem sem cessar coisas horríveis. Quando tento ler a Bíblia ou outros livros espirituais, falam ainda mais alto e berram obscenidades em meus ouvidos. São demônios, com poder sobrenatural, e tenho medo de que estejam me dominando.

O que Dean não compreendia é que estava tendo uma experiência de clariaudiência. Ele tinha o poder de ouvir vozes que não estavam fisicamente presentes. Todos têm até certo ponto essa capacidade. No seu caso, porém, ela era incomumente forte. Uma vez que não compreendia a causa desse fenômeno, começara a pensar que era obra de espíritos malignos. Crenças supersticiosas o levaram a atribuí-lo ao espírito de pessoas mortas. Vivendo sempre preocupado, acabou ficando obcecado com o caso. A mente subconsciente, dominada e controlada por uma sugestão infundada, mas extremamente poderosa, adquiriu aos poucos controle e domínio de suas faculdades objetivas, e a razão ficou comprometida. Ele se tornou o que poderíamos descrever como mentalmente desequilibrado, como acontece com todos que permitem que falsas crenças os dominem.

– Quer saber de uma coisa, Dean? – expliquei. – Sua mente tem um poder tremendo. Ela pode ser influenciada positiva ou negativamente. O que você tem que fazer é certificar-se de que só a influencia de forma positiva, construtiva e harmoniosa. Caso contrário, seu problema pode se tornar ainda pior, à medida que a mente subconsciente responda às más sugestões com que você continua a saturá-la.

Dean ficou muito impressionado com a explicação. Antes de ir embora, escrevi uma prece que ele deveria repetir durante 10 ou 15 minutos, três ou quatro vezes por dia:

O amor, a paz, a harmonia e a sabedoria de Deus inundam minha mente e meu coração. Eu amo a verdade, ouço a verdade, e sei que Deus é amor, que seu amor me cerca por todos os lados, me abraça e me envolve. O rio da paz de Deus inunda minha mente, e dou graças por estar agora livre do que me afligia.

Dean repetiu a prece, lenta, tranquila, reverentemente e com sentimento profundo, sobretudo antes de pegar no sono. Ao se identificar com harmonia e paz, provocou a rearrumação dos padrões de pensamento e de criação de imagens, e como consequência, obteve a cura. Pôs em ação o poder curador da mente por meio da repetição dessas verdades, reforçadas pela fé e a expectativa de bons resultados.

Lembrei-me também dele em minhas devoções. Pela manhã e à noite, fazia a seguinte prece:

Dean está pensando de maneira correta. Em tudo que faz, se refletem agora a Sabedoria e a Inteligência Divinas. A mente de Dean é a mente perfeita de Deus, imutável e eterna. Ouve agora a voz de Deus, a voz interior da paz e do amor. O rio da paz de Deus se espraia por sua mente, e ele transborda de sabedoria, equanimidade, equilíbrio e compreensão. O que o está atormentando o deixa neste momento, e eu o declaro livre e em paz.

Todas as noites e pela manhã, eu meditava nessas verdades, até que minha mente se encheu de uma sensação de paz e harmonia. Uma semana depois, o rapaz estava inteiramente libertado e envolvido numa paz profunda.

NINGUÉM ESPERAVA QUE ELA VIVESSE

Mary B., presença constante em minhas palestras, trouxe Pamela para conversar comigo. Notei-lhe o rosto contorcido por uma terrível aflição. Antes de eu poder dizer qualquer coisa, Pamela explodiu:

– Eu não devia estar aqui! Minha filhinha pode estar morrendo neste exato momento!

E começou a chorar convulsivamente.

Mary explicou que a filha de 4 anos de Pamela estava em um hospital, acometida de uma febre de origem misteriosa. Os médicos temiam que fosse uma variedade de encefalite. Tratavam-na com antibióticos, mas, até aquele momento, sem nenhum resultado.

– Eu sinto tanta pena de Pamela! – continuou Mary. – Nada parece dar certo na vida dela.

Pamela e o marido se separaram um mês antes, após anos de brigas e conflitos. Desde então, Pamela se tornara cada vez mais angustiada e agitada.

Logo que recuperou a calma, eu lhe disse:

– Você precisa compreender que crianças dependem demais dos pais. Absorvem a atmosfera mental e o clima emocional dos que as cercam. Não chegaram ainda à idade da razão, quando poderiam controlar seus pensamentos, emoções e reações à vida.

– O que o senhor quer dizer com isso? – perguntou Pamela.

– Os médicos que tratam de sua filha farão tudo de que a ciência médica seja capaz – respondi. – Tenho certeza disso. No entanto, você pode fazer mais. Pode tomar a decisão consciente de se sentir mais à vontade com você mesma. Sugiro que comece lendo o Salmo 23. Reze, pedindo orientação, paz e harmonia. Em especial, peça ajuda para renunciar ao ressentimento e à raiva que sente de seu marido.

– Se o senhor soubesse como ele me tratava... – começou ela.

– Esses sentimentos negativos significam mais para você do que a saúde de sua filha? – perguntei.

– Não. Claro que não! – protestou ela.

– Nesse caso, faça um esforço para se livrar deles – continuei. – Envie generosamente paz e amor ao seu marido. Livre-se da fúria e da raiva que, subjetivamente, contagiam sua filha. Experimente isso. Da mesma maneira que o ressentimento alimenta o ressentimento, o amor alimenta o amor.

Pamela voltou à cabeceira da filha. Após meditar longamente no Salmo 23, começou a orar pela filha:

Espírito, que é Deus, é a vida de minha filha. Espírito não tem febre, jamais fica doente. A paz de Deus flui pela mente e pelo corpo de minha filha. A harmonia, a saúde, o amor e a perfeição de Deus se manifestam neste momento em cada átomo do corpo de minha filha. Ela está relaxada e à vontade, tranquila, serena, calma. Agora, estou despertando nela as bênçãos de Deus e tudo está bem.

Ela repetiu a prece de hora em hora várias vezes. Caindo a noite, percebeu uma mudança notável na criança, que acordou e disse:

– Mamãe, cadê minha comida? Estou com tanta fome!

A enfermeira confirmou que a garotinha estava sem febre. O que havia acontecido? A febre a deixara porque a mãe não estava mais mentalmente febril e agitada. A atitude de paz, harmonia e amor que adotou fora imediatamente sentida pela criança, ocorrendo então uma reação correspondente.

O CURADOR NATO

Às vezes, ouvimos dizer que certa pessoa é um "curador nato". Isso é superstição. A verdade é que todos os somos. A razão disso é simples: a presença curadora de Deus existe em todos nós. Com o pensamento, podemos entrar em contato com essa presença, que responde a todos. Ela é onipresente e a vida de todas as coisas.

GRAUS DE FÉ

Há diferentes graus de fé. Há a pessoa que, pela fé, cura a dor crônica de alguém. Outra cura um tumor maligno profundo, considerado incurável. Para a presença de Deus, é tão fácil curar um pulmão atacado pela tuberculose quanto um corte no dedo. No Deus que nos criou, não há o grande ou o pequeno, nem o poderoso ou humilde, nem o difícil ou o fácil. A onipotência está presente em todas as pessoas. As preces do curador que põe as mãos sobre outra pessoa e induz a cura simplesmente apelam para a cooperação do subconsciente do doente. Saiba ele ou não, atribua-se a cura à intercessão divina ou não, se o subconsciente do paciente ficar impregnado com a ideia de saúde, uma reação ocorrerá. Isso porque a fé do paciente determina o que ocorre com ele.

UM CASO DE PARALISIA

Um velho amigo meu de Nova York, Howard D., sofria de paralisia e tremores. Às vezes, descobria que não conseguia absolutamente se mover. Ficava duro como pedra em qualquer lugar, até mesmo no meio de uma rua movimentada. O médico lhe receitou medicamentos que aliviavam alguns dos sintomas, mas não reduziam a sensação contínua de medo, pânico e maus pressentimentos. Essas sensações o estavam deixando esgotado.

Ao me procurar pedindo ajuda, expliquei-lhe um procedimento que deveria seguir. Meu primeiro objetivo era levá-lo a compreender que nele havia um poder curador milagroso, que criara seu corpo e que poderia curá-lo. Insisti para que lesse o Capítulo 5, Versículos 18-24, do Evangelho de São Lucas, e a passagem correlata em Marcos 2:5-11, em que Jesus diz ao paralítico:

Filho, os teus pecados estão perdoados... Eu te ordeno: Levanta-te, toma o teu leito e vai para casa.

Howard leu avidamente os versículos. Ficou profundamente comovido com a leitura, porque achava seu caso muito parecido com o do doente mencionado na história da Bíblia. Expliquei-lhe que a cama, ou o leito, em referência na Bíblia significa a cama mental na qual o indivíduo se deita. O paralítico da Bíblia estava, sem a menor dúvida, deitado sobre pensamentos de medo, dúvida, condenação, culpa e superstição, que paralisam corpo e mente.

Muitos dizem que Jesus curou o paralítico ao perdoar seus pecados. Pecar é errar o alvo, o alvo da saúde, felicidade e paz. Você perdoa a si mesmo quando mental e emocionalmente se torna uno com seu ideal e continua assim procedendo até que ele se solidifique como convicção ou absorção subjetiva. Você peca quando pensa negativamente, guarda rancor, odeia, condena ou sucumbe ao medo ou à preocupação. E peca sempre quando se desvia ou dá as costas aos seus objetivos e metas na vida, que devem ser sempre de paz, harmonia, sabedoria e saúde perfeita – em suma, vida mais abundante em todos os sentidos.

Howard me confessou que sentia ódio profundo de um irmão que há anos o enganara em uma transação financeira. Sentia-se também repleto de culpa e autocondenação. Compreendeu que, como o paralítico da Bíblia, não poderia ser curado até que seus pecados fossem redimidos ou simplesmente perdoasse seu irmão e a si mesmo.

Howard se voltou para a presença curadora de Deus em seu íntimo. Resolutamente afirmou:

> Completa e livremente eu me perdoo por abrigar pensamentos negativos e destrutivos, e resolvo, de agora em diante, purificar minha mente. Entrego meu irmão, liberto, nas mãos de Deus. Onde quer que ele esteja, desejo-lhe sinceramente saúde, felicidade e todas as bênçãos de Deus. Estou agora alinhado com o Poder Curador Infinito e sinto o amor divino fluindo por cada átomo de meu ser. Tenho certeza de que o amor de Deus está permeando e saturando todo o meu corpo, tornando-me completo e perfeito. Sinto uma paz que ultrapassa a compreensão. Meu corpo é um templo do Deus vivo. Deus está em Seu templo sagrado, e eu estou livre.

Enquanto meditava nessas verdades, Howard, aos poucos, recuperava a saúde e a harmonia. Mudando a mente, transformou o corpo. Mudar atitudes modifica tudo. Hoje, Howard anda alegre e desembaraçado, inteiramente curado.

ELA CUROU A MÃO RESSEQUIDA

– Eu simplesmente não entendo isso – disse Irene R., que me procurou após uma reunião. – Na semana passada, fui demitida do emprego em uma pequena editora. A dona da empresa, que me deu pessoalmente a notícia, disse também algo estranho: "Você é igualzinha ao homem da mão ressequida da Bíblia." Em nome de Deus, do que ela estava falando? Não há nada de errado com minhas mãos!

– Você precisa compreender – expliquei. – Na Bíblia, princípios são muitas vezes personificados. Em outras palavras, a pessoa na história significa também algo diferente. É uma maneira de tornar retratos e interações mais vívidos e impressionantes.

– Tudo bem – concordou Irene. – Eu estudei literatura. Sei o que é simbolismo. Mas o que significa a mão ressequida?

– A mão é um símbolo de poder, direção e eficácia – respondi. – Com a mão, você forma, molda, dirige e projeta. Simbolicamente, o indivíduo de mão ressequida tem complexo de inferioridade e se sente culpado e incapaz ou é um derrotista. Não age eficazmente, nem manifesta os poderes que Deus lhe concedeu.

O rosto de Irene mudou.

– Ah, agora compreendo. É verdade... meus sonhos e ambições murcharam. Mas como poderia ser diferente? Não há meio de transformá-los em realidade. Não é isso o que se chama se tornar adulto? Renunciar a sonhos infantis?

– Não! – retruquei enfaticamente. – Renunciar a sonhos não significa ficar adulto, mas começar a morrer! Quando deixa ideias maravilhosas se perderem na mente, você entra em processo de estagnação, como a uva que morre no pé. Você precisa esticar a mão, e só conseguirá isso melhorando o conceito e a avaliação que faz de si. O que você mais quer no mundo? Crie um quadro na mente. Veja-se realizando o sonho, veja-o transformando você.

– Eu adoro o trabalho editorial – respondeu baixinho Irene. – O que realmente gostaria de fazer é dar voz a pessoas que vivem mudas. Se eu pudesse descobrir uma maneira...

Sugeri-lhe que meditasse sobre esse objetivo, que se visse conversando com pessoas que queria ajudar e lhes dizendo que suas palavras seriam ouvidas por milhões de indivíduos. Passou a afirmar repetidas vezes:

Com o poder de Deus, que me dá forças, orienta, controla e dirige, posso fazer tudo o que quiser. Sei que estou seguindo para onde me leva a visão. Neste momento, com fé e confiança, volto-me para a Inteligência Infinita que em mim existe, sabendo que sou dirigida por uma visão interior. Sei, no fundo do coração, que o poder de Deus flui pelos tipos de pensamentos e imagens que formo na mente, e que estou sob compulsão divina para transformar meus sonhos em realidade.

Meses depois, recebi um bilhete de Irene. Ela e uma amiga haviam escrito um roteiro de filme com base nas histórias de pessoas da vizinhança onde morava. O roteiro havia sido premiado, recebendo um financiamento substancial do filme que nele seria fundamentado. As palavras de pessoas que Irene queria ajudar seriam, realmente, ouvidas por inúmeras outras.

COMO FOI CURADO O CASO PERDIDO

Jesus ordenou ao morto:
Jovem, eu te ordeno: Levanta-te. Sentou-se o que estivera morto e passou a falar (Lucas 7:14-15).

Quando a Bíblia conta que o morto se sentou e começou a falar, o que isso significa? Significa que, atendida sua prece, você fala em uma nova língua, de saúde borbulhante. Irradia um brilho interior. Esperanças e desejos mortos recuperam a voz quando você confirma com palavras aquilo em que crê e espera.

Patrick O. é um parente distante meu. Há alguns anos, Michael, seu irmão, me pediu que fosse, junto com ele, visitá-lo num hospital. Encontrei Patrick em coma, com insuficiência renal. Os médicos disseram que já era um caso perdido.

Inconsciente, Patrick não deu nenhum sinal de notar nossa presença quando chegamos ao quarto. Puxei uma cadeira para junto da cama. Sabia que era um católico devoto. Em voz suave, disse-lhe:

– Patrick, Jesus está aqui com você. Você O vê. Ele lhe estende as mãos. Neste momento, Ele põe as mãos sobre você.

Repeti essas palavras várias vezes, lenta, suave, positivamente.

De repente, Patrick abriu os olhos. Olhou para mim e para o irmão e disse:

– Eu tive uma visita. Jesus esteve aqui. Sei que estou curado. Vou viver.

O que aconteceu? Um milagre? Não, no sentido em que o fato não possa ser explicado, não. A mente subconsciente de Patrick aceitou minhas palavras e projetou uma forma-pensamento, acreditando que Ele estava presente, em carne e osso, e que havia posto Suas mãos sobre ele.

A fé que surgiu e brilhou na mente subconsciente de meu parente católico se baseava na crença firme em que Jesus viera para curá-lo. Foi essa fé que o curou. Os acontecimentos se desenrolam de acordo com nossa fé, nossas convicções, ou mesmo a crença cega. A mente subconsciente de Patrick aceitou minha sugestão. Sua mente mais profunda captou e agiu conforme a ideia que nela plantei. Em certo sentido, poderíamos considerar o que aconteceu como a ressurreição de um morto. Foi, no caso de Patrick, a ressurreição da saúde e da vitalidade. Tudo quanto pedimos, acreditando, recebemos.

A FÉ CEGA E A FÉ AUTÊNTICA

A fé verdadeira implica conhecimento da maneira como trabalham as mentes consciente e subconsciente, e do funcionamento harmonioso e conjunto, cientificamente dirigido, desses dois níveis. A fé cega cura sem compreensão científica de quaisquer que tenham sido as forças envolvidas. Se a pessoa acredita que um fragmento de osso é sagrado porque pertenceu a um santo, e que tem poder curador, o fato de ser, na verdade, um pedaço de plástico habilmente moldado não fará a menor diferença. Não é o osso que cura, mas o fato de ter mudado a mente de alguém, do medo para a fé.

Em todos os casos – pouco importando qual a técnica, processo, encantamento ou invocação de espíritos e santos –, é a mente subconsciente que cura. Tudo aquilo em que acreditamos se torna imediatamente operante na mente subconsciente.

Seja igual à menina de 8 anos em nossas aulas de catecismo. Durante vários dias, ela sofreu com uma dolorosa irritação nos olhos. O colírio receitado pelo pediatra de nada adiantou. Ela orou: "Deus, tu fizeste meus olhos. Tu podes curá-los. Que tal fazer isso agora mesmo? Obrigada." Por causa de sua simplicidade, espontaneidade e fé em Deus, ela teve uma cura notável.

Vai, e procede tu de igual modo (Lucas 10:37).

COMO APLICAR O TRATAMENTO ESPIRITUAL

O tratamento espiritual implica se voltar para o Deus interior e se lembrar de Sua paz, harmonia, completude, beleza, amor sem fim e poder ilimitado. Acredite que Deus o ama e se importa com você. Enquanto ora dessa maneira, o medo vai desaparecendo. Se rezar pedindo cura para um problema do coração, não pense nesse órgão como doente. Pensamentos são coisas. O pensamento espiritual assume a forma de células, tecidos, nervos e órgãos. Pensar em coração defeituoso ou em pressão arterial alta tende a sugerir mais daquilo que você já tem. Deixe de pensar continuamente em sintomas, órgãos ou qualquer parte do corpo. Volte a mente para Deus e para Seu amor, saiba que só há uma Presença e um Poder Curadores, e aceite o seguinte corolário: não há poder capaz de se opor à ação divina.

Tranquila e amorosamente, afirme que o poder soerguidor, curador e fortalecedor da Presença Curadora está fluindo pelo seu corpo, tornando-o perfeito. Saiba e sinta que a harmonia, a beleza e a vida de Deus se manifestam em você como força, paz, vitalidade, completude e ação correta. Adquira uma clara compreensão desse fato, e o coração lesionado ou outros órgãos doentes serão curados à luz do amor de Deus.

Glorificai a Deus no seu corpo (1 Coríntios 6:20).

INDICAÇÕES MUITO ÚTEIS

1. O poder curador de Deus está em você. Remova os bloqueios mentais e permita que o poder curador flua pelo seu corpo.
2. Monomaníacos são indivíduos que permitem que sua mente seja dominada por uma sugestão altamente poderosa, mas falsa.
3. Quando estão agitados e fumegando com raiva, os pais transmitem essa emoção negativa ao subconsciente dos filhos, e isso pode fazer com que eles adoeçam. Se esse é o seu caso, deixe que o rio da paz de Deus inunde a mente e o coração e verá que a saúde da criança melhorará e a harmonia será restabelecida.
4. Todos somos curadores natos, porque a Presença Curadora Infinita está em nós, e podemos entrar em contato com ela por meio de nossos pensamentos e crenças.
5. O poder milagroso que criou seu corpo sabe como curá-lo e conhece todos os seus processos e funções. Confie no poder curador e aceite a cura, agora.

6. Você pode se recondicionar para obter saúde e paz ao meditar frequentemente em harmonia, vitalidade, completude, beleza e perfeição.
7. Na Bíblia, princípios são personificados, a fim de tornar vívidas e convincentes a descrição e a interação. Você pode superar um complexo de inferioridade aliando-se a Deus e reconhecendo que, com Ele, até uma única pessoa é maioria.
8. Não há doenças incuráveis. Há pessoas incuráveis, que acreditam que não podem ser curadas. Assim como creem, assim acontecerá com elas.
9. A cura pela fé ocorre sem compreensão científica das forças envolvidas. A cura espiritual é o funcionamento conjunto e harmonioso das mentes consciente e subconsciente, dirigidas para uma finalidade específica. Em todos os casos, é a mente subconsciente que cura, quaisquer que sejam a técnica ou o processo usados.

COMO VOCÊ PODE, EM SUA PRÓPRIA VIDA, ENFRENTAR A PALAVRA *INCURÁVEL*

Não permita que a palavra *incurável* o assuste. Compreenda que está em contato com a Inteligência Criativa, que gerou o seu corpo. Algumas pessoas podem dizer que a cura é impossível, mas fique certo de que a Presença Curadora está o tempo todo ao seu alcance. Você pode sempre usar o seu poder por meio da lei criativa da mente. Use-o agora e faça milagres em sua vida. Lembre-se de que um milagre não pode provar que aconteceu aquilo que é impossível, mas apenas confirmar o que é possível, porque *para Deus tudo é possível* (Mateus 19:26). *Porque te restaurarei a saúde, e curarei as tuas chagas, diz o Senhor* (Jeremias 30:17).

A palavra *Senhor*, na Bíblia, representa a lei criativa da mente. Um princípio profundo, curador, permeia todo o Universo, flui por suas maneiras de pensar, por suas imagens e escolhas, e lhes dá forma objetiva. Você pode trazer para sua vida tudo que desejar, valendo-se desse princípio curador infinito que opera por meio de sua própria mente.

Esse princípio pode ser usado para qualquer objetivo específico. Tal poder não se limita a curar a mente ou o corpo. É o mesmo princípio que atrai para você o marido ou a esposa ideal, ajuda-o a prosperar nos negócios, indica-lhe seu verdadeiro lugar na vida e lhe revela soluções para seus problemas mais delicados. Por meio da aplicação correta desse princípio, você pode se tornar um grande músico, médico ou diplomata. Além disso, pode usá-lo para trazer harmonia onde reina a discórdia, paz onde há sofrimento, alegria em lugar de tristeza, e prosperidade em vez de pobreza.

CURA DE HIDROPISIA

Conheço John G. há muitos anos. Sempre me pareceu uma pessoa não só muito religiosa, mas também inteiramente livre de qualquer má vontade ou ressentimento contra alguém. Na última vez em que estive em Londres, procurei-o. Mal consegui reconhecê-lo. Ele tinha o rosto e o corpo fortemente inchados, e vi em seus olhos uma mistura de cansaço e medo.

Quando lhe perguntei como estava, respondeu:

– Nada bem, para dizer a verdade. Estou com hidropisia. Líquidos que se acumulam no corpo. Os médicos não usam mais essa palavra. Dizem que sofro de edema e que isso pode ser sintoma de um problema cardíaco. Para mim, no entanto, é hidropisia, e sempre será. Como você sabe, meu pai morreu disso.

– Não, não sabia – respondi. – Esse fato deve ter sido muito penoso para você.

– Foi mesmo, impressionou-me muito – confirmou ele. – Naqueles dias, o tratamento consistia em enfiar uma grande agulha no abdômen e tentar extrair o líquido. Muito doloroso e, até onde eu sei, inteiramente inútil. Acho que foi naquele tempo que me convenci de que a mesma coisa iria me acontecer, que também teria hidropisia. E não deu outra!

– John, você já ouviu falar no Dr. Phineas Parkhurst Quimby? – perguntei.

Ele sacudiu a cabeça.

– Tenho certeza que não. Eu não esqueceria um nome tão incrível assim. Quem foi ele e por que perguntou?

Expliquei:

– Há mais de um século, o Dr. Quimby descobriu uma simples e maravilhosa verdade psicológica. Disse que, se acreditamos em alguma coisa, ela se manifesta, estejamos ou não pensando conscientemente nela. Durante toda a vida, você acreditou que ia sofrer dessa doença. Por que se surpreender com o fato de que, no fim, isso aconteceu?

– Você está dizendo que minha convicção provocou a doença? – perguntou ele, com um tom de preocupação na voz.

– Exatamente – respondi. – Seu medo constante é uma perversão da verdade. Ele não tem poder real, porque não há um princípio por trás da doença. Há um princípio de saúde, sim, mas nenhum de doença; um princípio de prosperidade e nenhum de pobreza; um princípio de honestidade e não de falsidade; um princípio de beleza, mas nenhum de feiura. A mente pode ser usada positiva ou negativamente. Infelizmente, até agora, você a usou de modo negativo.

– Mas o que vai acontecer se eu mudar? – perguntou ele. Após um longo e pensativo silêncio, continuou: – A Presença Curadora que me criou tem que estar ainda em mim. Meus pensamentos, porém, embebidos de doença, impediram-na de me tornar uma pessoa sadia. O que preciso fazer é encontrar uma maneira de reorganizar a mente para que se adapte ao modelo divino de harmonia, saúde e completude. Você poderia me ajudar?

Juntos, John e eu formulamos uma terapia espiritual, posta em prática por ele. Antes de ir dormir, todas as noites, John afirmava, com convicção e fé profunda, as seguintes palavras:

> A Presença Curadora vai agir agora, transformando, curando, restaurando e controlando todos os processos de meu corpo, de acordo com sua sabedoria e natureza divina. Todo o meu sistema corporal é depurado, purificado e ativado pela energia vitalizadora de Deus. Circulação, assimilação e eliminação divinas operam em minha mente e meu corpo. A alegria do Senhor é minha força permanente. Eu me torno sadio de todas as maneiras, e por isso dou graças a Deus.

John repetiu essa oração todas as noites, durante cerca de 30 dias. Por fim, formou-se em sua mente a convicção de que recuperara a saúde. Na visita seguinte ao médico, ouviu que estava inteiramente curado.

ETAPAS DA CURA

O primeiro passo para a cura consiste, a partir deste exato momento, em não ter medo da condição que se manifestou como doença. O segundo, compreender que esse estado consiste apenas no produto de velhos pensamentos, que não terão mais poder para continuar a existir. O terceiro, glorificar mentalmente o poder curador milagroso de Deus que reside em você.

Esse procedimento interromperá instantaneamente a produção de todos os tipos de venenos mentais em seu corpo ou no da pessoa pela qual você está orando. Viva a corporificação de seu desejo, e seus pensamentos e sentimentos logo se tornarão reais. Não se deixe influenciar pela opinião de alguém ou por receios mundanos. Viva, sim, na crença de que Deus está em ação em sua mente e seu corpo.

CEGUEIRA ESPIRITUAL

Milhões de pessoas são psicológica e espiritualmente "cegas". Não compreendem que se transformam naquilo em que pensam durante o dia inteiro. São espiritual e mentalmente "cegas" quando alimentam ódios, ressentimentos ou inveja. Não sabem que estão, na verdade, fortalecendo os venenos mentais que as destruirão.

É imenso o número de pessoas que dizem que seus problemas são insolúveis, que se encontram em situações irremediáveis. Essas atitudes são resultados de cegueira espiritual. Começamos a enxergar espiritual e mentalmente quando compreendemos nossos poderes mentais e desenvolvemos percepção consciente de que a sabedoria e a inteligência existentes no subconsciente podem resolver todos os nossos problemas.

Todos nós precisamos conhecer a inter-relação e a interação entre as mentes consciente e subconsciente. Os que eram antes cegos para essas verdades começarão, após cuidadosa introspecção, a ter uma visão de saúde, riqueza, felicidade e paz de espírito, que poderão transformar em realidade desde que apliquem corretamente as leis da mente.

A VISÃO É ESPIRITUAL, ETERNA E INDESTRUTÍVEL

Não criamos a visão, simplesmente a manifestamos ou liberamos. Vemos *através* dos olhos, não com os olhos. A retina é estimulada por ondas de luz procedentes de objetos no espaço. Através do nervo óptico, os impulsos são levados ao cérebro. Quando a luz interior, ou inteligência, se encontra dessa maneira com a luz externa, por meio de um processo de interpretação, passamos a ver.

Os olhos simbolizam o amor divino e o deleite nos caminhos de Deus, além de fome e sede de Sua verdade. O olho direito simboliza o pensamento reto e a ação reta. O esquerdo, o amor e a sabedoria de Deus. Pense com retidão, transmita boa vontade a todos e verá com perfeição.

Recupera a tua vista... Imediatamente tornou a ver, e seguia-o glorificando a Deus (Lucas 18:42-43).

PRECE ESPECIAL PARA OS OLHOS E OUVIDOS

Eu sou o Senhor que me cura. Minha visão é espiritual, eterna e um aspecto de minha consciência. Meus olhos são ideias divinas sempre funcionando perfeitamente. É clara e forte minha percepção da verdade espiritual. A luz da compreensão se acende em mim, e todos os dias vejo cada vez mais a verdade de Deus. Vejo-a espiritualmente, vejo-a mentalmente e vejo-a fisicamente. Em tudo, vejo verdade e beleza.

A Presença Curadora Infinita está agora restaurando meus olhos. Eles são perfeitos, instrumentos divinos, permitindo-me receber mensagens dos mundos interno e externo. A glória de Deus se revela em meus olhos.

Ouço a verdade, amo a verdade e conheço a verdade. Meus ouvidos são ideias perfeitas de Deus, instrumentos que me revelam Sua harmonia. O amor, a beleza e a harmonia de Deus fluem pelos meus olhos e ouvidos. Estou sintonizado com o Infinito. Ouço em mim a voz tranquila, carinhosa, de Deus. O Espírito Santo ativa minha audição, e meus olhos estão abertos e sadios.

PARA OBTER A CURA, SIGA ESTES PASSOS

1. Podem dizer que é impossível, mas para Deus tudo é possível. Você pode ser curado por Deus, que o criou.
2. O princípio de cura flui pelos seus padrões de pensamento e formação de imagens, tornando real tudo que você deseja.

3. Se acredita em alguma coisa, esta se manifestará – esteja você ou não pensando nela conscientemente. Acredite apenas naquilo que o cura, abençoa e inspira.
4. Glorifique o poder de Deus que há em você, e assim impedirá que qualquer doença se espalhe por seu .
5. O coração agradecido está perto de Deus. Inclua em todas as suas preces louvor e graças.
6. Você é espiritualmente cego se não sabe que pensamentos são coisas e que você atrai o que sente e se torna aquilo que imagina.
7. A visão é espiritual, eterna e indestrutível. Uma prece maravilhosa para os olhos consiste em afirmar repetidas vezes: "Eu vejo melhor, espiritual, mental e fisicamente."
8. *Elevo os olhos para os montes, de onde me virá o socorro* (Salmos 121:1).

Lei 4
A lei dinâmica da proteção

Há algum tempo, pediram-me que fizesse uma visita a uma mulher chamada Gloria W., naquele momento submetida a um tratamento de câncer no Sloan Kettering Institute, em Nova York. Ao lhe pedir que falasse sobre a família, disse-me que tinha um filho e dois netos, mas que nunca os via.

– Como assim? – perguntei, espantado. – Eles moram longe?

– Não. Moram a uma hora de distância daqui, em Connecticut – respondeu ela. – Nunca os vejo porque, para fazer isso, teria que ver também a mulher de meu filho.

Confuso, perguntei:

– Sua nora?

– A mulher de meu filho – repetiu ela, rejeitando deliberadamente a palavra que sugeri. Seu rosto se endureceu. – Eu odeio aquela coisinha insignificante! Odeio-a como se fosse veneno desde o maldito dia em que meu filho a trouxe para minha casa. Não consigo imaginar o que ele viu nela. Só posso mesmo rezar para que abra os olhos antes que seja tarde demais.

– Há quanto tempo seu filho e ela estão casados? – perguntei.

Gloria pensou por um momento e respondeu:

– Quase trinta anos. E minha raiva contra ela só fez aumentar a cada ano!

– Como seu câncer – observei.

Ela me olhou fixamente.

– O que o senhor quer dizer com isso? – perguntou.

– Você perguntou aos médicos o que causou a doença? – respondi. – Ignorando os detalhes técnicos, eles provavelmente disseram que suas células se voltaram contra você, tornaram-se venenosas. Eu gostaria de sugerir que, em outro sentido, as emoções destrutivas que abriga contra sua nora produziram um efeito tóxico sobre você. Não só sobre a mente e o coração, mas sobre cada célula de seu corpo. Quer ficar boa do câncer?

– Claro que quero! – explodiu ela. – Mais do que qualquer outra coisa no mundo!

– Mais do que odiar sua nora? – perguntei, sondando a situação. Após hesitar por um momento, ela fez que sim com a cabeça. – Nesse caso, você tem que renunciar ao ódio, tem que ensinar a si mesma a grande arte do perdão. Tem que começar a, do fundo do coração, sinceramente, rezar por ela.

Em seguida, ajudei Gloria a compor uma prece sobre a nora.

> A paz de Deus satura a alma de (o nome). Ela é inspirada e abençoada em tudo o que faz. Deus a ajuda, e me alegro porque a lei do Altíssimo trabalha por ela, através dela, e em tudo que a cerca. Sinto, na alma e no coração, que a perdoei. Em qualquer ocasião em que nela pensar, só lhe desejarei tudo de bom. Eu, agora, estou livre.

O espírito de perdão de Gloria, juntamente com a quimioterapia e outros tratamentos, produziu uma mudança notável em sua personalidade, operando uma cura maravilhosa. A prece lhe mudou a mente subconsciente e neutralizou todos os padrões negativos nela alojados, cujos efeitos físicos tiveram também que desaparecer.

UM NOVO CONCEITO DE DEUS PRODUZ MARAVILHAS

Há alguns meses, fui convidado para visitar um homem extremamente bondoso chamado Milton S. Eu sabia que era pessoa de grande caráter, generoso, magnânimo em tudo. Na noite de minha primeira visita, ele me disse que os médicos haviam diagnosticado que sofria de câncer de próstata.

– Meu pai e meu tio morreram da mesma doença – disse ele. – Durante vinte anos ou mais, vivi com medo de que o mesmo me acontecesse. Acho que não se passou um único dia em que eu não rezasse pedindo para ser poupado dessa provação. É claro que minhas orações não foram ouvidas por Deus. Aconteceu exatamente o que Jó disse: "Aquilo que eu mais temia desabou sobre mim."

– Meu caro – disse-lhe –, perdoe-me, mas acho que dirigiu mal suas preces. O que você tem feito é implorar a algum Deus distante, dizendo: "Se for Tua vontade, Tu me curarás. Se não, Tu me infligirás alguma doença terrível." Isso nada mais é do que o conceito primitivo do Deus vingador que pune seus filhos. Deus reside em todos nós. Acreditar que, por vontade de Deus, seria vítima provável de câncer foi como se desejasse que isso acontecesse. E assim aconteceu.

– Se assim é – perguntou Milton –, o que devo fazer para ficar bom?

– Acredite que será curado – respondi. – Anime-se. Receba o tratamento prescrito pelos médicos com a convicção de que Deus quer que ele seja eficaz. Sinta a cura em seu coração, e a mente subconsciente reagirá de acordo.

Tempos depois, recebi uma carta de Milton, dizendo que o câncer entrara em processo de remissão e que sua saúde, tanto física quanto espiritual, nunca estivera melhor.

POR QUE ELA NÃO TINHA NAMORADOS

Anne G., uma moça do interior, trabalhava em um escritório em Los Angeles. Após uma de minhas palestras, ela me procurou e disse:

– O senhor acha que pode me ajudar? Sou tão tímida, que fico vermelha e desvio o olhar só de um rapaz me dizer "oi". Nunca aprendi a me relacionar com rapazes. E acho que nunca vou aprender.

– Quer aprender? – perguntei, sondando a situação.

– Se quero! Mais do que qualquer outra coisa! – exclamou. – Odeio ser solteira e viver sozinha. Quero fazer alguém feliz. Quero ter minha própria família.

Depois de conversarmos um pouco mais, expliquei-lhe como tornar realidade seus desejos. A primeira coisa a fazer era deixar de se considerar uma pessoa tímida e fechada. Teria que se obrigar a sentir que era admirada, desejada e amada.

Por sugestão minha, Anne comprou um diário e começou a enchê-lo com descrições de encontros com admiradores imaginários. Todas as noites, reservava um tempo para pensar nos detalhes desses encontros, que eram sempre ótimos e a deixavam feliz. Em pouco tempo, descobriu que conversar com colegas de trabalho não era mais tão assustador. Quando um grupo de rapazes a convidou para ir a um restaurante numa noite de sexta-feira, ela aceitou. Um deles, que a admirava de longe há muito tempo, passou a noite inteira flertando e conversando com ela. Lá pelo fim, perguntou se poderiam sair novamente. Quando ela se deu conta, era imensamente popular entre os rapazes, e não mais aquela moça que só tomava chá de cadeira.

Já começando a florescer sua vida romântica, Anne percebeu que queria algo mais duradouro. Começou a dizer e afirmar que a Inteligência Infinita estava atraindo para si o companheiro ideal, com quem faria um belo par. Naquela noite, quando foi dormir, imaginou-se com uma aliança. Mentalmente, "tocava" e "sentia" a aliança. Tornou real esse estado e saturou a mente subconsciente ao se obrigar a sentir que o anel era real, sólido, tangível. Além do mais, disse a si mesma que a aliança implicava que já havia casado e vivia um fato consumado. Algum tempo depois, atraiu um rapaz maravilhoso. Hoje eles combinam em tudo.

COMO ELE SE TORNOU UM ESTUDANTE DE ALTO NÍVEL

– Estou muito preocupado com meu filho, Sam – disse-me David K. – Ele tem apenas 11 anos, mas receio que o futuro dele não seja nada bom. Seu professor me disse recentemente que ele deveria ser examinado para ver se sofria de algum distúrbio de aprendizagem. Cogitou-se de ser transferido para uma classe de educação especial. Sei perfeitamente o que significa. É uma maneira delicada de dizer que ele é "retardado".

– O que você acha? – perguntei. – O professor poderia estar certo?

David se mexeu constrangido na cadeira.

– Eu odeio até pensar nisso. Porém, desde aquela conversa, venho observando Sam com todo o cuidado. Às vezes, parece que não escuta o que digo, e quando lhe pergunto como está indo na escola, ele responde muito, muito devagar. É como se o sentido da pergunta não repercutisse em sua mente.

– Em que você trabalha, David? – perguntei.

– Sou redator numa agência de publicidade – respondeu.

– Vamos supor que o chefe de seu departamento estivesse meio convencido de que você é um fracasso – disse-lhe. – Que passasse a olhar por cima de seu ombro e lhe fizesse perguntas "casuais" sobre seu trabalho. Que efeito imagina que isso teria sobre você?

– Eu me tornaria um fracasso logo, logo – respondeu David. – Oh... entendo o que quer dizer. A maneira como venho observando Sam está realmente sabotando o que ele faz. A mesma coisa acontece com o professor. Tudo que parece um problema é mais notado.

– Isso é grande parte da questão – respondi. – Porém, há mais. O fato de acreditar que seu filho possa ser mentalmente incapaz passa a seu subconsciente *e ao subconsciente de Sam*. Esse fato contribui para que aconteça o que você teme.

– Isso é horrível! – exclamou David. – Eu não quero prejudicar Sam. Quero ajudá-lo! O que posso fazer?

– Você tem que mudar aquilo em que conscientemente acredita – expliquei. – Tem que se retirar para algum lugar, relaxar corpo e mente, e aceitar de todo o coração a alegria de ouvir seu filho lhe dizer como está indo bem na escola. Faça isso duas ou três vezes por dia. Visualize-o mostrando-lhe o boletim com as notas do semestre e os comentários elogiosos do professor. Sinta a solidez do documento em sua mão, veja as letras pretas no papel branco, ouça sua própria voz dizendo: "Uau, Sam! Que maravilha! Você é o maior! Continue assim!"

David adotou esse conselho. Mergulhou de cabeça na formação dessas imagens, até que elas penetraram em seu subconsciente e se tornaram uma convicção. O filho reagiu de forma maravilhosa e desabrochou, acabando por ser um dos melhores alunos da turma. O pai viu os resultados da ideia sobre a qual havia meditado. Sua prece fez com que a inteligência e a sabedoria do subconsciente brotassem na mente do filho e ele transformasse em realidade a certeza que tinha a seu respeito.

NÃO ERA PARA ELE SER FUZILADO

Há alguns anos, fiz uma série de palestras em Osaka, Japão. Certa noite, no restaurante do hotel onde me hospedava, conheci Akiro I., um japonês, e começamos a conversar. Ele me disse que servira no Exército Imperial durante a Segunda Guerra Mundial.

– Isso aconteceu na China – disse ele. – Um soldado que não gostava de mim me acusou de algo que não fiz. A Corte Marcial não acreditou em mim. Fui sentenciado à morte por fuzilamento.

– Que coisa horrível! – comentei. – E como foi que escapou da sentença?

– Preciso lhe dizer antes que, quando criança, estudei numa escola cristã – respondeu ele. – Na prisão, algum impulso divino me levou a repetir sempre para mim mesmo as palavras do Salmo 91. Todas as noites, quando ia dormir, eu dizia, falando do mais profundo do meu ser: "Eu não posso ser fuzilado. Eu sou filho de Deus, e Deus não pode atirar em si mesmo." Eu sabia que só há um Poder e uma Vida. Minha vida era a vida de Deus.

Akiro continuou, dizendo que, alguns dias antes da data da execução, fora solto sem explicação e reintegrado à tropa. Nunca soubera por que havia sido poupado, mas estava convencido de que havia escrito sua ordem de soltura na mente subconsciente ao reiterar as palavras do Salmo e se imaginar em liberdade. O subconsciente responde de acordo com aquilo que nele gravamos.

SUA RESPOSTA DETERMINARÁ SEU FUTURO

Quando menino, em reuniões de família, eu ouvia meus tios e tias conversando sobre uma infinidade de assuntos. Frequentemente, diziam: "Sabe de uma coisa, John ou Mary sofreram um acidente porque deixaram de ir à igreja." Quando alguma tragédia acontecia com alguém, encontravam sempre uma razão para considerar as vítimas como pecadoras e objetos da ira de Deus.

Mesmo nessa época, eu frequentemente me perguntava que tipo de Deus era esse de quem falavam. Qual o seu conceito de Deus? Você sabe que a resposta que der a essa pergunta determinará inevitavelmente seu futuro?

O QUE VOCÊ ACREDITA SOBRE DEUS É O QUE ACREDITA SOBRE SI MESMO

Se você acha que Deus é cruel, vingativo, uma entidade insondável, tirânica e canibal nos céus, uma espécie de déspota cujo objetivo é puni-lo, vai, é claro, experimentar o resultado desses pensamentos frequentes. Sua vida será indolente, confusa, repleta de medos e limitações de todos os tipos. Em outras palavras, vivenciará os resultados da natureza daquilo em que acredita a respeito de Deus. Na verdade, terá experiências negativas como decorrência daquilo em que crê.

Deus se torna para você tudo o que você acha que Ele é. Acima de tudo, forme o conceito correto Dele. Não faz diferença o nome que você dá a Deus. Pode chamá-lo de Alá, Brahma, Vishnu, Realidade, Inteligência Infinita, Presença Curadora, Eu Superior, Mente Divina, Arquiteto do Universo, Ser Supremo, Princípio Vital, Espírito Vivo ou Poder Criador. O importante é que aquilo em que acredita ou de que está convencido sobre Ele governe e oriente toda a sua vida.

ACREDITE EM UM DEUS DE AMOR

Milhões de pessoas acreditam em um Deus que envia doença, dor e sofrimento; acreditam em uma divindade cruel e vingativa. Não acreditam em um Deus bom, e para elas, Deus não é um Deus carinhoso. Alimentando esses conceitos absurdos e grosseiros sobre Ele, experimentam os resultados daquilo em que acreditam sob a forma de todos os tipos de dificuldades e problemas. A mente consciente transforma em realidade aquilo em que acredita, sob a forma de experiências, condições e situações na vida.

O que você apenas diz que acredita sobre Deus nenhuma importância tem, mas sim sua crença real, subconsciente – a crença de seu coração. Você demonstra sempre isso. É por esse motivo também que o Dr. Quimby disse há mais de um século: "O homem é convicção transformada em realidade." Milhões de pessoas concebem um Deus voluntarioso, muito distante nos céus, possuidor de todos os caprichos do ser humano. Acreditando nesse conceito, eles me lembram muito o executivo que me disse certa vez: "Tudo estaria bem comigo se Deus simplesmente me deixasse em paz." Acredite que Deus é amor, que Ele o protege, interessa-se por você e o orienta, quer sua prosperidade e o ama. Assim, em sua vida acontecerão maravilhas que ultrapassarão em muito seus sonhos mais acalentados!

TORNANDO-SE UMA NOVA PESSOA

E o Seu nome será: Maravilhoso, Conselheiro, Deus Forte, Pai da Eternidade, Príncipe da Paz (Isaías 9:6).

Comece agora, enquanto lê estas linhas, a reverenciar o conceito autêntico ou aquilo em que acredita sobre Deus, e milagres começarão a acontecer em sua vida. Compreenda e saiba que Deus é todo Bem-Aventurança, Alegria, Beleza Indescritível, Harmonia Absoluta, Inteligência Infinita e Amor sem Limites, e que é Onipotente, Supremo e a Única Presença.

Aceite mentalmente que Deus é tudo isso, com tanta certeza quanto aceita o fato de estar vivo. Em seguida, começará a experimentar em sua vida os resultados maravilhosos dessa nova convicção sobre o Deus sagrado em você. Descobrirá que saúde, a vitalidade, os negócios, o ambiente em que vive e o mundo em geral mudam para melhor. Começará a prosperar espiritual, mental e materialmente. Sua compreensão e insight espiritual crescerão de forma maravilhosa, e você descobrirá que se transformou em uma nova pessoa.

OS NEGÓCIOS PROSPERARAM 300 POR CENTO

Philo L. procurou-me após uma palestra que fiz em Londres, Inglaterra.

– Durante toda a vida, tenho vivido com um medo mortal da pobreza – reconheceu ele. – Trabalho muito, mas meus negócios não prosperam. O que devo fazer?

– Você consegue pensar em Deus como sendo seu sócio? – perguntei. – Como seu guia e conselheiro? Acredita que Deus sempre o protege como um pai carinhoso? Afirme corajosamente que Deus está atendendo a todas as suas necessidades e inspirando-o em tudo o que faz.

Ele se alegrou.

– Que coisa maravilhosa! – exclamou. – Nunca pensei antes em Deus nesses termos. Para mim, Ele sempre foi uma Presença distante, intimidadora. Porém, até mesmo uma pessoa rígida e formal se solta quando brinca com o filho. Quem sabe, o mesmo acontece com Deus!

Alguns meses depois, recebi uma carta de Philo. "Sinto que Deus é uma Presença Viva, um amigo, conselheiro e guia", escreveu. "Meus negócios prosperaram 300 por cento, minha saúde está melhor, e joguei fora as grossas lentes que usei durante vinte anos!"

Você pode compreender o que aconteceu quando esse homem resolveu considerar Deus como seu Pai. A palavra "pai" tinha uma significação especial para ele. Significava amor, proteção, orientação e satisfação de necessidades. Deixe que, da mesma maneira, maravilhas aconteçam em sua vida.

O MILAGRE DOS TRÊS PASSOS

No meu ministério religioso realizei o casamento de um casal jovem e maravilhoso, Janet e Bill S. Após um mês, contudo, se separaram. Janet voltou para a casa dos pais. O que havia acontecido com o romance deles?

Quando fiz essa pergunta, Bill respondeu:

– Nunca deveríamos ter ficado aqui, onde ambos crescemos. Janet era popular demais. Praticamente todos os caras em nossa escola estavam apaixonados por ela. Mesmo antes do casamento, eu já pensava que ela continuaria a namorar outros colegas. Eu tinha ciúmes dela. Não confiava nela. Quando não a via, imaginava que estava com um dos antigos namorados. Tinha certeza de que iria perdê-la.

Imaginando o mal sobre a esposa, Bill estava vivendo mentalmente com os sentimentos do medo, do ciúme e da perda, o que implicava já ter rompido os laços matrimoniais. Havia prometido apreciá-la, amá-la e respeitá-la sempre, ser-lhe fiel e esquecer todas as demais mulheres. Em vez disso, entregou-se à desconfiança. O medo que sentia passou à mente subconsciente da esposa. Assim, aquilo que temia e em que acreditava realmente aconteceu. Magoada e confusa com a atitude do marido, Janet procurou compreensão e consolo com um velho namorado, que ainda tinha esperanças de conquistá-la. Quando viu que aquilo em que acreditava havia se tornado realidade, Bill a culpou. Na verdade, contudo, aconteceu da forma como pensava.

Constituía meu dever pastoral explicar tudo isso a eles. Logo que aprenderam como funcionam as mentes consciente e subconsciente, resolveram orar juntos e praticar o milagre dos três passos:

- Primeiro passo: no início, Deus.
  Logo que acordavam pela manhã, afirmavam convictamente que Deus os guiava em todos os seus caminhos. Enviavam um ao outro pensamentos carinhosos de paz, harmonia e alegria, estendendo-os a todo o mundo.
- Segundo passo: dar graças às refeições.
  Deram graças pelo maravilhoso alimento à mesa e por tudo de bom que possuíam. Resolveram que problemas, preocupações ou brigas não seriam admitidos à mesa.
- Terceiro passo: orar antes de dormir.
  Antes de se deitarem, pegavam a Bíblia e liam alguns trechos escolhidos, entre eles os Salmos 23, 27 e 91, o Capítulo 11 da Epístola aos Hebreus e o Capítulo 13 da I Epístola aos Coríntios. Diziam baixinho:
  "Obrigado, Pai, por todas as bênçãos do dia. Deus nos dará Seu sono sagrado."

Bill e Janet prometeram a si mesmos não fazer ou dizer nada que afastasse um do outro. Essa decisão exigiu disciplina e o desejo intenso de fazerem com que o casamento desse certo. Seguindo esse método prático, a harmonia foi finalmente restabelecida.

O CASAL QUE VOLTOU A SER UM CASAL

Há alguns anos tive uma conversa muito estranha com Duane R. e Margie B., que me procuraram em um hotel em Dallas, Texas. Os dois estavam preocupados e nervosos.

– Nós éramos casados – disse Duane. – Isto é, um com o outro. Em seguida nos separamos. Eu fui um estúpido, uma anta, ou isso não teria acontecido.
– Isso não é justo – protestou Margie. – Também me comportei como uma idiota, e você sabe muito bem disso!

– Bem, não vamos brigar por isso agora – resolveu Duane. – O importante é que, depois de muitas indas e vindas, nos divorciamos. Em pouco tempo, casamos novamente com outras pessoas.

– O senhor já ouviu falar em casar por frustração? – perguntou Margie. – Bem, foi isso. O pior foi que, antes de uma semana, tinha certeza de que havia feito a maior de todas as besteiras.

– Eu também – confirmou Duane. – De qualquer modo, o importante é que nos esforçamos para superar essa situação durante o último ano e meio, mas não está adiantando. Sabemos que ainda nos amamos. O que podemos fazer?

– O que vocês pensam que está mais de acordo com o plano de Deus: um casamento real baseado em amor ou um casamento falso baseado em mentira? – perguntei.

– Um casamento de verdade – responderam.

– Nesse caso, vocês já têm a resposta – observei. – Viver uma mentira com seus atuais cônjuges não é justo ou leal para com eles ou vocês mesmos. É preciso lhes dizer a verdade. Acho, aliás, que vão descobrir que, de alguma forma, eles já sabem disso.

Duane e Margie deixaram que o sentimento profundo de um pelo outro os levasse de volta ao altar do amor. Os casamentos "por frustração" foram dissolvidos amigavelmente, e com isso todos ganharam. O casal voltou a ser aquele casal.

O amor une dois corações e é um vínculo indissolúvel. *Portanto, o que Deus* (o Amor) *juntou, não o separe o homem* (Mateus 19:6).

O PODER TRANSFORMADOR DO AMOR

Elizabeth Y. procurou-me profundamente aflita.

– O senhor acha que meu pai pode usar poderes mentais para destruir meu casamento? – perguntou.

– Não tenho certeza se entendi bem sua pergunta – respondi. – Pode me contar mais sobre a situação?

Elizabeth respirou profundamente.

– Estou casada há quase um ano e meio. Frank e eu nos amamos profundamente e somos muito felizes. O problema é que Frank é católico, e meu pai odeia católicos. Diz que são escravos de Satanás. Sei que ele está rezando para que meu casamento acabe, e tenho um medo horrível de que as orações dele funcionem. Orações *de fato* funcionam, não é? Não é isso o que o senhor ensina?

– Bem, não é bem assim – respondi. – Suas orações podem funcionar para você. Seu pai, porém, não tem mais poder sobre você do que um pé de coelho ou uma concha da praia... *a menos que você lhe conceda esse poder.* Se você o escuta e acredita que ele pode destruir seu casamento, o trabalho dele já está meio feito. Porém, se usar seus próprios pensamentos e sentimentos para fortalecer o casamento, seu pai nada poderá fazer para destruí-lo – respondi.

Por sugestão minha, Elizabeth começou a rezar com frequência, pedindo que o amor de Deus que a unira ao marido no início continuasse a mantê-los unidos, envolvendo-os e protegendo-os. Convictamente, afirmava nas orações que a beleza, o amor e a tranquilidade de Deus fluíam pela mente e pelo coração de ambos, e que esse amor lhes dirigia a vida. Compreendeu que nada poderia se colocar entre ela e o homem que amava.

O amor é do coração. À medida que o jovem marido e a esposa compartilhavam amor, graça e boa vontade, reconhecendo as virtudes mútuas, o casamento se tornou mais abençoado a cada dia. Ela rezou pedindo compreensão divina para o pai. Recentemente, disse-me que ele estava se tornando mais tolerante e aprendendo a gostar de seu marido.

A PRECE TRANSFORMOU O CRIMINOSO

Certa vez, visitei um indivíduo, Josh B., que estava morrendo de alcoolismo crônico. Ele me disse que a bebida o havia levado a cometer vários crimes.

– O que o senhor acha? – perguntou ele. – Deus vai me castigar por isso? Estou a caminho do inferno?

– Deus é um Deus amoroso – respondi. – Ele não castiga ninguém. Nós, sim, por usarmos mal as leis da vida, nos castigamos, seja por ignorância ou violando intencionalmente as leis da harmonia, do amor e da ação correta. Você tem que se perdoar e permitir que o amor de Deus penetre em sua alma. Se resolver ser um novo homem em Deus, o passado será apagado e não mais será lembrado.

Rezamos juntos. Tempos depois, Josh me pareceu radiante e feliz. A razão era que, nesse momento, possuía fé interior e convicção profundas de que estava à mão direita de Deus e que tudo havia sido perdoado. Sentia-se bem, relaxado e pronto para o que denominava de "o céu". Seu médico notara uma visível melhora em seu estado, e pouco tempo depois, ele foi informado de que iria sobreviver. Não deu outra. Dez dias depois, deixou o hospital, curado e sadio!

Josh, atualmente com 85 anos, continua forte e saudável. Tornou-se uma pessoa maravilhosa, reta em seus caminhos, um homem criado à semelhança de Deus, e inteiramente transformado. Como foi que isso aconteceu? Ele aceitou a verdade sobre Deus. Dar as costas a todos os seus crimes, ódios e culpa lhe libertou imediatamente a mente e o corpo. O corpo reagiu de maneira maravilhosa à nova atitude mental. O agente da cura nesse caso foi a sensação interna de que fora absolvido e estava em paz – e nada mais.

A PRECE SALVOU SUA VIDA

Ao visitar um amigo em um hospital, quando fiz menção de ir embora, ele insistiu para que conversasse com o paciente do leito ao lado, Robert C. Em voz baixa, me disse que Robert estava em estado crítico, com uma infecção generalizada que não reagia a antibióticos. Ninguém esperava que escapasse.

Puxei conversa com Robert. Ele pareceu contente em ter uma distração. Enquanto conversávamos sobre o hospital, disse-me subitamente:

– A pior coisa de estar aqui é saber que Harry não cabe em si de contente por eu me encontrar aqui. Como detesto esse cara! Não acredito que haja alguém mais ordinário do que ele.

– Quem é ele? – perguntei.

– Foi meu sócio – contou Robert. – Um dia, descobri que ele estava maquiando o livro-caixa e roubando a companhia. Mal consegui evitar a falência. Vou dizer uma coisa: se algum dia eu sair deste hospital, ele que se cuide. Sou bem capaz de lhe dar o que merece!

Era fácil ver que o asco que Robert sentia pelo tal indivíduo havia se transformado em uma ferida purulenta.

– Você convidaria seu antigo sócio para um jantar? – perguntei.

– Só se soubesse que poderia envenená-lo e ficar impune – declarou enfaticamente.

– Ainda assim, você vive constantemente com ele em seus pensamentos – observei –, e não é ele quem está sendo envenenado. É você. Você lhe dá, ou melhor, dá à imagem mental que faz dele, um imenso poder sobre sua mente, corpo e órgãos vitais. No seu universo, você é o único que pensa, o que significa que está sendo diretamente responsável por seus pensamentos, conceitos e imagens. Se saturar a mente de ódio e repugnância, os efeitos, sem a menor dúvida, vão aparecer em seu corpo. No entanto, se saturá-la com as verdades de Deus, só colherá bem-estar e saúde.

Antes de ir embora, deixei com Robert uma oração à guisa de meditação que constitui a seção seguinte deste capítulo. Mais tarde, soube que tivera uma rápida e inesperada melhora. Na verdade, maravilhas acontecem quando oramos!

O PODER DE DEUS

A oração seguinte ajudou numerosas pessoas a transformarem suas vidas. Meditando sobre essas maravilhosas verdades, você também logo descobrirá que coisas espantosas acontecerão em sua vida!

> Deus é a única Presença e o único Poder, e eu sou uno com ele. A força de Deus é minha força. Sua Inteligência inunda minha mente. Essa nova conscientização de mim mesmo me concede domínio completo de todas as esferas de minha vida. Estou agora ligado à Mente Universal Única, que é Deus. Sua sabedoria, Seu poder e Sua glória fluem através de mim. Tenho certeza de que a energia e o poder de Deus saturam cada átomo, tecido, músculo e osso de meu corpo, tornando-me agora perfeito. Deus é Vida, e essa Vida é minha também. Minha fé foi renovada, e minha vitalidade, restaurada. Deus caminha e fala comigo. Ele é meu Deus, e eu sou uno com Ele. Sua verdade é meu escudo e proteção, e eu me rejubilo por ser assim. Sob Suas asas, tenho total confiança. Abrigo-me no Santuário do Altíssimo e me ponho sob a Sombra do Todo-Poderoso.

PONTOS A RELEMBRAR

1. O ódio é um veneno mental. O perdão e o amor são os antídotos espirituais a se usar para obter a cura.

2. Forme um novo conceito de Deus como amor. Compreenda que Deus é por você, e não contra você.
3. Sua atitude mental é a causa, e a experiência que se segue, o resultado.
4. Você pode se proteger de todo o mal se compreender que o amor de Deus o cerca por todos os lados, envolve-o e o abraça.
5. Acredite, no fundo do coração, nas verdades expostas no Salmo 91, e você ficará invulnerável.
6. Imagine e sinta que é amado, desejado e apreciado, e nunca lhe faltarão amigos.
7. Reze pela chamada criança interior, invocando na prece e meditação a inteligência e a sabedoria de Deus, inerentes a todas as crianças.
8. Grave na mente subconsciente que é livre, e ela responderá de acordo.
9. Aquilo em que você realmente acredita sobre Deus determina todo o seu destino.
10. Aquilo em que você acredita sobre Deus é o mesmo em que realmente acredita sobre si. "O homem é, em forma concreta, aquilo em que crê." (Quimby*)
11. Aquilo em que você, da boca para fora, diz acreditar sobre Deus nada significa. O que realmente importa é aquilo em que você crê no fundo do coração.
12. Acredite que Deus é pura bem-aventurança, beleza, alegria e amor, e que aquilo que é verdade sobre Deus é verdade sobre você. Torne isso um hábito, e maravilhas acontecerão em sua vida!
13. Corajosamente, afirme que Deus atende a todas as suas necessidades e que você prosperará em tudo o que desejar.

---

*Extraído de *The Complete Writing of Phineas Parkhurst Quimby*, De Vorso & Co., 1988.

14. Seus medos podem passar à mente subconsciente de seu cônjuge. Adquira o hábito de pensar naquilo que é belo e agradável.
15. Quando o amor de Deus junta marido e mulher, nada – nenhuma pessoa, local ou condição – pode romper o casamento. O amor é o laço indissolúvel.
16. Deus, ou a Vida, a ninguém castiga. Nós nos punimos pela ignorância ou violando intencionalmente as leis da harmonia, do amor e da ação correta.
17. O ódio é um veneno letal que causa a morte de todos os órgãos vitais do corpo.

Lei 5
A lei misteriosa da orientação interior

Tal como acontece com todos nós, você às vezes deve se sentir perplexo, confuso e assustado, sem saber que decisão deve tomar. Quando isso lhe acontecer, lembre-se de que dispõe de um guia interior que o conduzirá por todos os caminhos. Esse poder lhe revelará o plano perfeito e lhe mostrará o que deve fazer. O segredo da orientação, ou ação correta, consiste em se dedicar ativamente a descobrir a solução certa, até sentir a resposta surgindo dentro de você.

A Inteligência Infinita encontrada nas profundezas do subconsciente é sensível ao pedido que lhe faz. Você reconhecerá a resposta como uma sensação interna, a percepção de algo, um palpite poderosíssimo que o levará ao lugar certo, no tempo certo, colocando as palavras certas em sua boca e o levando a fazer o que é correto, da maneira mais adequada.

SIGA A INTUIÇÃO

Mark A., um pastor amigo meu, perguntou-me certa vez se eu achava que a diretoria de sua igreja devia comprar uma propriedade de outra que acabava de ser desocupada. Respondi:

– Vamos rezar sobre o assunto e seguir a intuição que surgir.

Nada aconteceu nos dias seguintes. Depois de certo tempo, Mark me telefonou:

– Hoje haverá uma reunião da diretoria. Vamos ter que decidir. Compramos a propriedade ou não? – disse.

Enquanto conversávamos, senti uma resposta se formando em minha mente. Era "Não". Porém, como não queria influenciar a decisão de Mark, respondi apenas:

– O que você acha? Ou melhor, como se sente a respeito?

– Comprar me parece uma decisão sensata, prudente – respondeu ele, embora com hesitação na voz. – Mas como me sinto? Acho que é uma decisão errada.

– Eu também – retruquei.

A diretoria se insurgiu, mas, no fim, acabou seguindo a recomendação de Mark. Uns meses depois, descobriu-se que o local que haviam decidido não comprar estava seriamente contaminado, devido a um vazamento dos tanques de um posto de gasolina próximo.

SEMPRE HÁ UMA SAÍDA

Recebi uma carta de Greta P., ouvinte de meu programa de rádio, que dizia:

> Moro em um prédio, de minha propriedade, onde residem quatro famílias. Dependo da renda dos aluguéis para complementar minha pensão. Um de meus inquilinos era um sujeito barulhento, grosseirão, que frequentemente organizava farras de bebedeira em seu apartamento. Para piorar, ele estava com o pagamento do aluguel atrasado, o que me criava problemas para pagar *minhas* contas. Meus outros inquilinos, pessoas tranquilas, mais velhas, se sentiam muito incomodados com o comportamento do tal indivíduo. Eu disse a ele que queria o apartamento, mas se recusou a me

atender, usando linguagem grosseira. Meus melhores inquilinos me disseram que estavam procurando um novo lugar para morar. Eu não sabia mais o que fazer!

Certo dia, após ouvir seu programa, compreendi que a resposta estava em mim. Tranquilizei a mente e rezei, pedindo à Inteligência Infinita localizada no subconsciente de meu inquilino problemático que o orientasse e o dirigisse para um lugar melhor para ele, e o fizesse ir imediatamente embora, em paz e harmonia. Afirmei convictamente: "Eu o perdoo inteiramente. Liberto-o e deixo que ele se vá, desejando-lhe paz, amor e felicidade."

Enquanto rezava assim, cheguei a um ponto em que minha mente se encheu de paz e tranquilidade. Tinha certeza de que minha prece seria atendida, e assim aconteceu. Naquela mesma noite, o inquilino bateu à minha porta, pagou cada tostão que me devia e disse que ia se mudar para um lugar mais animado. Três dias depois, em resposta a um anúncio que eu deixara no quadro de avisos de um supermercado, um cavalheiro, mais idoso e bem-educado, veio ver o apartamento. Alugou-o na hora. Descobri que ele também ouve seu programa. Minha prece foi atendida em tudo que pedi!

FÓRMULA DE ORIENTAÇÃO DE UMA EMPRESÁRIA

Em um jantar em benefício de uma obra de caridade, sentei-me à mesma mesa que Adrienne W., diretora de uma bem-sucedida firma de relações-públicas. Enquanto conversávamos, veio à baila a questão da tomada de decisões.

Eu tenho uma técnica muito simples – disse Adrienne. – O senhor talvez pense que é simples *demais*, mas funciona muito bem comigo.

Curioso, perguntei:

– E poderia nos dizer qual é?

– Será um prazer – respondeu ela. – Sempre que surge uma questão que precisa de uma decisão rápida, e parece que pelo menos uma delas surge todos os dias, vou para a minha sala, fecho a porta, tiro o telefone do gancho e medito sobre as qualidades divinas que acredito haver em mim e em todas as pessoas. Quando dou por mim, entro em um clima de paz, poder e confiança.

Um homem sentado no outro lado da mesa, que a ouvia com toda a atenção, a interrompeu:

– O que eu não daria para ter isso em *minha* vida diária!

– Tenho certeza de que pode ter, se tentar – retrucou Adrienne. – Logo que entro nesse clima, digo: "Pai, Tu conheces todas as coisas. Dá-me a ideia de que necessito para esse novo programa", ou esse problema ou o que quer que seja. Em seguida, visualizo ter recebido a resposta, sentindo-a fluir por minha mente, completa e perfeita. Nesse ponto, penso: "Aceito a solução e dou graças por ela."

A senhora sentada ao lado dela, uma corretora, observou:

– Mas você não a recebe mesmo, não é? Está simplesmente dizendo isso.

Adrienne sorriu e respondeu:

– Minha avó tinha um ditado: "Um bom começo é meio caminho andado." Logo que termino a prece, ocupo-me com outras coisas. Afasto a questão da mente. Descobri que a resposta geralmente chega quando menos se espera. É como um relâmpago em um quarto escuro, que no mesmo instante ilumina tudo. Devo também dizer o seguinte: acho que tomei tantas decisões erradas quanto qualquer um. Mas nunca me decepcionei com as minhas respostas quando usei essa técnica. Nem uma única vez!

O PROFESSOR OBTÉM UMA RESPOSTA ESPECÍFICA

Alan F., professor de uma universidade local, é frequentador de minhas palestras públicas. Após um desses encontros, iniciamos uma conversa. Observando que ele parecia nervoso, perguntei:

– Algum problema?
– Se há – respondeu ele. – Estou rascunhando um trabalho sobre escavações arqueológicas no Egito durante o século XIX. Já estou quase no fim, mas há uma parte que não consigo comprovar. A única fonte confiável de informação a esse respeito é um livro publicado privadamente em 1884 no Cairo, em uma edição limitada. Recorri à Internet para checar os catálogos de todas as grandes bibliotecas do mundo. Até agora, não consegui localizar um único exemplar do livro. Sem ele, não me sinto seguro para apresentar meu artigo para publicação.
– Você está numa situação difícil – observei, penalizado. – Posso fazer uma sugestão?
– Por favor, faça – respondeu ele, imediatamente alerta.
– O que faria numa situação como a sua seria o seguinte – continuei. – Hoje à noite, antes de ir dormir, me colocaria num estado mental calmo e relaxado. Quando estivesse caindo no sono, diria a mim mesmo, em silêncio e com total confiança: "Minha mente subconsciente conhece a resposta e me dará todas as informações de que precisar." Em seguida, pegaria no sono com uma única palavra, "Responda", em minha mente.
– O senhor acha que funcionaria? – perguntou ele.
– Acho que sim – respondi. – Sua mente subconsciente sabe tudo. Sabe o tipo de resposta de que você precisa e lhe responderá em um sonho, em um palpite irresistível ou como a sensação de que está sendo levado na direção certa. Você pode ter um átimo de inspiração para ir a algum lugar ou outra pessoa poderá lhe dar a resposta.

No final daquela semana, Alan me ligou.

– É inacreditável! – exclamou. – Durante três noites usei a técnica que o senhor me ensinou. Ontem de manhã, ao chegar ao campus, algo me atraiu para o quadro de avisos. Geralmente, passo por esse quadro sem olhar, mas, dessa vez, não pude fazer isso. Passei rapidamente a vista pelos avisos, e meus olhos recaíram sobre o anúncio de uma venda de livros usados em benefício da organização do campus que promove do pensamento da Nova Era. Ia acontecer naquele mesmo dia, no outro lado do campus.

– E você foi? – perguntei.

– Se fui! – respondeu ele. – Ao entrar, perguntei a mim mesmo o que estava fazendo ali. Encontrei mesas repletas de antologias, best-sellers ordinários volumes de antologias, manuais obsoletos de software, um guia sobre como construir uma churrasqueira e um homem com um caixote de livros. Ouvi quando ele disse ao estudante encarregado do local que seu falecido tio gostava de assuntos místicos, como pirâmides, e que aqueles eram alguns dos livros antigos dele.

– Acho que sei aonde você vai chegar – observei.

– Talvez saiba – concordou ele. – Perguntei se podia dar uma olhada nos livros, uma vez que era um campo de estudo que me interessava. Abri o caixote, e o segundo livro que peguei era exatamente o volume raro que havia perdido a esperança de encontrar! Por sinal, vários outros eram de grande interesse também. Dei à organização um cheque num valor duas vezes superior ao da venda dos livros.

ESTEJA SEMPRE ALERTA

Às vezes, a orientação divina nos chega sob a forma de uma impressão passageira. Temos que estar sempre alertas para ela. Quando nos ocorre uma sensação ou uma ideia, temos que reconhecê-la e segui-la.

FIQUE TRANQUILO E RELAXADO

Talvez deixemos passar a orientação interior por duas razões: tensão e incapacidade de reconhecer a "dica" quando ela chega. Se estamos em um estado de espírito feliz, confiante e alegre, reconheceremos esses momentos, esses átimos da intuição. Além disso, sentimos a compulsão de transformá-la em realidade.

Por isso mesmo, é necessário ficar tranquilo e deixar a mente bem relaxada quando oramos por orientação. Nada pode ser obtido sob tensão, medo ou apreensão. A mente *subconsciente* responde quando a *consciente* está tranquila, receptiva e relaxada.

ELA RECEBE SLOGANS MARAVILHOSOS

Dora P. é famosa no ramo da publicidade por seus slogans maravilhosos. Veja só como os concebe: vai dormir com as palavras "o slogan certo" nos lábios. Tem confiança de que obterá uma resposta – e isso acontece sempre. *O Senhor não falha* (Sofonias 3:5).

A INTUIÇÃO PAGA DIVIDENDOS FABULOSOS

A palavra intuição [em inglês, *tuition*, instrução; *in*, interior] significa *ensino que vem de dentro*. A intuição vai muito além da razão. Você utiliza a razão para transformá-la em realidade. Intuição é a resposta espontânea que brota da mente subconsciente em reação ao pensamento consciente.

No que interessa a empresários e profissionais liberais, o cultivo da faculdade intuitiva é da maior importância. A intuição fornece instantaneamente aquilo que nosso intelecto, ou mente racional, só poderia conseguir após semanas ou meses de insano trabalho.

Quando, as faculdades racionais nos decepcionam, a intuição celebra o triunfo. A mente consciente é racional, analítica e inquisitiva; a faculdade subjetiva da intuição é sempre espontânea, surgindo como um sinal para o intelecto. Muitas vezes, age como um alerta contra nossos planos.

COMO UMA ROMANCISTA OBTÉM IDEIAS ADMIRÁVEIS

Certa vez, em Calcutá, bati um papo com Siri N., uma notável romancista. Ela me disse que o segredo de seu sucesso na literatura é que, regular e sistematicamente, proclama que Deus a orienta em tudo o que faz e que ela deixará o mundo atônito com as belezas, glórias e pérolas de sabedoria que lhe são presenteadas por seu Deus interior.

Sua oração favorita é a seguinte: "Deus conhece todas as coisas. Deus é meu Eu Superior, o Espírito em mim. Deus, através de mim, está escrevendo um romance. Ele me dá o tema, os personagens e seus nomes, os locais e a atmosfera. Revela-me o enredo ideal em uma sequência perfeita. Sou grata pela resposta que tenho certeza de que me será dada e vou dormir com a palavra *romance* nos lábios até me perder nas profundezas do sono."

Siri sabe que a palavra *romance* será gravada em sua mente subconsciente e que esta responderá. Contou-me que, em geral, após orar dessa maneira como preparação para começar um romance, sente ânsia de escrever, e as palavras e cenas brotam em uma corrente interminável.

Essa situação descreve bem o milagre da orientação divina disponível a todos nós.

ELE ENCONTROU SEU VERDADEIRO LUGAR

Nathan G. era vendedor de uma empresa de produtos de papel. Ao me consultar, disse o seguinte:

– Sou como um peixe fora d'água! Sou competente, mas meu trabalho está me consumindo e me deixando um trapo! Estou começando a *odiar* produtos de papel! O que posso fazer? Não haverá um lugar certo para mim?

– Claro que há – respondi. – Há uma solução para seu problema. A Inteligência Infinita e a sabedoria de sua mente subconsciente conhecem seus talentos e interesses e o caminho para que sejam manifestados de forma perfeita na sua vida.

Aconselhei-o a orar da seguinte maneira:

> Acredito sinceramente e aceito sem reserva que há uma inteligência criativa em minha mente subconsciente, que tudo sabe e vê. Sei que estou sendo dirigido para meu verdadeiro lugar na vida. Sem reserva, aceito essa orientação interior. Estou aqui para um fim e estou disposto a realizá-lo agora.

Num estado de grande alegria, Nathan deixou minha sala. Duas semanas depois, telefonou: "Orei da forma como o senhor me ensinou e comecei a pensar repetidamente em pratos de gourmet. Eles sempre me interessaram, embora principalmente como apreciador. Comecei a pensar no caso. Muitas de minhas despesas provêm de restaurantes de comidas finas. E se fosse isso o que me interessava realmente? Então, marquei por telefone um encontro com o dono da maior cadeia de restaurantes refinados da área. Quando entrei, algo me fez dizer as palavras certas. Resumindo, consegui o emprego e já sei que é o que sempre quis."

UMA PRECE POR ORIENTAÇÃO DIVINA

Sei que há uma lei perfeita de oferta e procura. Meus motivos são corretos e desejo fazer a coisa certa, da maneira certa, em todas as ocasiões. Entro em contato imediato com tudo aquilo de que necessito. Estou no meu verdadeiro lugar agora, usando meus talentos de forma maravilhosa e divinamente abençoado. A Inteligência Infinita orienta meus pensamentos, palavras e atos, e tudo o que faço é controlado por Deus e só por Ele. Eu sou um canal perfeito Dele.

Sinto, sei e acredito que meu Deus-Ser Interior ilumina meus caminhos. A Inteligência Divina inspira, dirige e governa tudo o que faço e instantaneamente me revela a resposta para tudo o que preciso saber. O amor de Deus segue à minha frente, tornando todos os caminhos uma estrada de paz, amor, alegria e felicidade. É maravilhoso!

IDEIAS A CONSERVAR NA MEMÓRIA

1. Concentre-se mental e emocionalmente em formular a pergunta certa e receberá a resposta adequada.
2. A Inteligência Infinita do subconsciente tudo sabe e tudo vê. Pergunte-lhe e obterá a resposta que só Ela sabe.
3. Siga a orientação que receber. Muitas vezes, ela vem de súbito à sua mente consciente.
4. Lembre-se de que sempre há uma resposta. Insista, relaxe e descobrirá que maravilhas acontecem quando você reza.
5. Orar pedindo orientação é um diálogo. Peça à sua mente mais profunda, com fé e confiança, e receberá uma resposta.
6. A mente subconsciente responde de maneiras incomuns. Você talvez seja levado a uma livraria, onde encontrará um livro que lhe responderá à pergunta, ou entreouvirá uma conversa que lhe fornecerá a solução do problema. As respostas podem chegar de incontáveis maneiras.
7. É necessário permanecer alerta e interessado, de modo a reconhecer a orientação que lhe chega e em seguida pô-la em prática.

8. A sabedoria do subconsciente atinge a mente superficial, ou consciente, quando esta relaxa e se tranquiliza. O relaxamento é a chave do sucesso.
9. Caia no sono com a palavra *resposta* nos lábios, repetindo-a várias vezes como se fosse uma canção de ninar, e a resposta apropriada ao seu caso lhe será dada.
10. Você utiliza o intelecto para fazer o que lhe diz a voz da intuição.
11. Se for romancista ou escritor, afirme convictamente que a mente subconsciente lhe está revelando temas, personagens e assuntos, estimulando-o de todas as maneiras. Você ficará espantado com os resultados.
12. A Inteligência Infinita em você o guiará para seu verdadeiro lugar na vida e lhe revelará os talentos ocultos que possui.
13. Afirme o seguinte: "O amor divino segue à minha frente, tornando retos, alegres, gloriosos e felizes meus caminhos." Todas as suas trilhas serão de deleite, e todos os seus caminhos, de paz.

Lei 6
A poderosa lei da coragem

O medo é uma força poderosa, mas você pode aprender a viver de forma a não ser mais dominado por ele. Esse medo pode ter origem no passado, talvez mesmo na herança da mente coletiva, mas você não tem que se submeter. Conquanto haja numerosos medos primitivos no subconsciente de todos nós, você pode erradicá-los unindo-se mental e emocionalmente à Presença de Deus em você. Quando aprender a amar a Deus e a todas as coisas boas, além de confiar implicitamente Nele, você vencerá os medos e se tornará uma pessoa livre e corajosa.

UMA PRECE A LIVROU DO PÂNICO

Há alguns anos, uma jovem chamada Marie P., que não conhecia, ligou para mim no Algonquin Hotel, em Nova York.

– Meu pai sempre me falava sobre suas ideias – disse ela. – Ele faleceu recentemente. Sei que escondeu uma grande soma de dinheiro em casa, e se não descobri-lo, posso acabar perdendo a propriedade. Estou vivendo em um clima de desespero.

– Você tentou perguntar à sua mente subconsciente? – indaguei.

– Não, nunca fiz nada assim – respondeu ela. – Não saberia nem como começar.

– Bem, vou rezar, pedindo uma solução para seu problema – prometi. – Você poderia vir até aqui amanhã?

Naquela mesma noite, tive um sonho, no qual um homem desconhecido me disse: "Levante-se e escreva o que vou dizer. Você vai receber amanhã a visita de minha filha Marie."

Ainda meio sonolento, levantei-me, fui até a mesa e peguei uma folha do papel timbrado do hotel. A figura que apareceu no sonho ditou, enquanto eu escrevia. Tenho certeza de que tais instruções não foram escritas por Joseph Murphy ou mesmo por meu subconsciente no mundo meio onírico em que me encontrava.

Estou absolutamente convencido de que o autor foi o pai da moça que viria me visitar no dia seguinte. Sua personalidade, que sobrevivera ao que chamamos de morte, deu-me instruções para localizar a grande soma de dinheiro que escondera em casa. Também contou detalhes sobre uma herança nas Bahamas, além de instruções explícitas à filha sobre a pessoa com quem devia entrar em contato para levantar esses haveres.

No dia seguinte, Marie me procurou na sede da Church of Religious Science [Igreja da Ciência Religiosa], em Nova York. Reconheci-a imediatamente, porque a vira no sonho da noite anterior. No subconsciente, há uma faceta luminosa que reflete o que subjetivamente percebemos e sabemos, sem termos conhecimento consciente.

A grande angústia de Marie era infundada. Durante todo o tempo, o subconsciente dela sabia onde estava o dinheiro. Se tivesse sabido como agir, teria se comunicado com parte de sua mente e recebido a resposta. Desde então, o estudo das leis que regem a mente lhe transformou por completo a vida. Hoje em dia, ela é uma pessoa enérgica e atuante, e vem tendo sucesso em sua vida.

A PRECE EXPULSOU SEU MEDO

Amanda C., musicóloga talentosa, mudou-se para Nova York e abriu um estúdio de música. Embora fizesse muita propaganda, passaram-se semanas e ninguém apareceu. Após uma de minhas palestras, ela me disse o seguinte:

– Estou com tanto medo! – confessou. – Se tiver que voltar para Iowa totalmente fracassada, não sei o que vou fazer. Acho que fui uma imbecil em tentar abrir aqui esse estúdio. Claro que estou fracassando. Por que os estudantes deveriam me procurar? Eles nunca ouviram falar de mim!

Disse-lhe que esses problemas refletiam sua atitude subjacente. Ela estava convencida de que ia fracassar. Tinha certeza de que ninguém a procuraria porque era desconhecida. Seu problema básico era o medo.

– Se você puder reverter essa atitude mental, maravilhas poderão acontecer – garanti-lhe. – Você acha que os estudantes poderão tirar proveito do que você lhes ensinar?

– Claro. Tenho *certeza*! – exclamou ela.

– Nesse caso, você tem que trabalhar em cima dessa certeza.

Sugeri-lhe uma técnica para pôr em prática.

Duas vezes por dia, Amanda se imaginava dando aulas e observando os estudantes, felizes e satisfeitos com o progresso que obtinham. Ela era um sucesso: "Comporte-se como se for e será." Sentiu-se como uma professora bem-sucedida, representando na imaginação esse papel e concentrando a atenção em seu ideal. Persistindo, tornou-se uma com a ideia que tinha em mente, até conseguir manifestar na realidade aquilo que imaginava e sentia dentro de si. Atraiu mais estudantes do que podia dar conta e teve até que contratar uma assistente.

Sentiu que sua vida era o que imaginava e tudo aconteceu conforme suas novas maneiras de sentir e pensar.

UM JARDIM LHE DEU A CORAGEM
DE QUE NECESSITAVA

Enquanto fazia uma série de palestras na Cidade do Cabo, África do Sul, conheci Jonathan S., um coronel aposentado do Exército britânico. Ele me falou sobre sua vida como prisioneiro na Guerra da Coreia. Havia passado 18 meses na solitária, mas não tinha um pingo de amargura contra os chineses que o capturaram. Na imaginação, andara por seu jardim na Inglaterra e escutara os sinos da igreja da paróquia, dando-lhe boas-vindas. Continuou:

– A imagem mental desse lugar lindo manteve sempre viva a minha mente. Nem por um único momento deixei que ela se desvanecesse.

Em vez de ficar repleto de ódio e ressentimento ou se entregar à autorrecriminação, o coronel criara uma imagem positiva. Imaginava-se em casa, junto a pessoas que amava, e sentia a emoção e alegria dessa companhia. Visualizando o jardim em plena florescência, via as plantas crescendo e brotando flores lindas. Tudo isso era vívido e real em sua mente. Graças à imaginação, sentia tudo isso. Disse que, enquanto outros poderiam ter ficado loucos ou talvez morrido de desgosto, ele se salvara porque tinha uma visão.

– E foi uma visão que jamais deixei que me escapasse.

O grande segredo do coronel foi uma atitude mental nova em meio a privações de todos os tipos, sofrimento e esqualidez. Manteve sempre essa imagem na mente e nunca a substituiu por conversas interiores destrutivas ou visões negativas. Quando finalmente voltou à Inglaterra, compreendeu o significado da verdade profunda de que vamos para onde está nossa visão.

ELE SE LIBERTOU DE MEDOS CUJA ORIGEM DESCONHECIA

Após uma série de palestras que ministrei na Science of Mind [Ciência da Mente], em São Francisco, recebi no hotel a visita de um chamado George B. A primeira coisa que me disse foi:

– Vivo assombrado por medos sem saber sua origem. Acordo, no meio da noite, coberto de suor e tremendo como vara verde.

Sofria também de hipertensão arterial e de frequentes e agudos ataques de asma.

Enquanto conversávamos, descobri que George odiava o falecido pai. A razão era que o velho lhe desaprovara o estilo de vida e, em consequência, deixara toda a herança, aliás considerável, para uma irmã. Esse ódio dera origem a um sentimento profundo de culpa na mente de George. Devido a esse fato, sentia um medo profundo, cuja origem desconhecia, de ser castigado. Esse complexo se manifestava em seu corpo sob a forma de pressão arterial alta e ataques de asma.

O medo causa sofrimento. Amor e boa vontade trazem paz e saúde. O medo e a culpa sentidos por George se manifestavam como doenças.

Enquanto conversávamos, George veio a compreender que o problema era causado por seu próprio sentimento de culpa, autocondenação e ódio. Embora o pai tivesse passado muito tempo antes para outra dimensão, ao lembrar-se dele, George se envenenava de ódio.

Consegui ajudá-lo a descobrir maneiras de perdoar o pai e, como resultado, perdoar a si mesmo. Ele passou a orar nos seguintes termos:

> Perdoo completamente meu pai. Ele fez o que julgava certo. Liberto-o. Desejo-lhe paz, tranquilidade e alegria. Estou em paz com a memória que tenho dele e comigo mesmo.

Logo que dissolveu o ressentimento que o magoava, a asma regrediu e a pressão arterial voltou ao normal. O medo de castigo, à espreita no subconsciente, desapareceu por completo.

ELA DEIXOU DE BLOQUEAR A RESPOSTA

Profundamente aflita, Joanna W. me escreveu uma carta na qual dizia, entre outras coisas: "Não sei o que fazer nem para onde me voltar. Sinto muito medo de fazer a escolha errada. Devo aceitar o novo emprego que me ofereceram ou continuar onde estou? Devo conservar ou vender minha casa? Devo casar com o homem que estou namorando? Para onde é que posso me voltar para obter respostas? Como posso decidir o que fazer?"

Respondi também por escrito, explicando que o medo de fazer a escolha errada era o que estava bloqueando as respostas que tanto desejava. Além disso, o medo se baseava no fato de ela não saber como funciona a mente subconsciente.

Expliquei que sempre que o subconsciente aceita uma ideia, passa imediatamente a colocá-la em prática. Sob essa visão, usa todos os poderosos recursos de que dispõe. Mobiliza todos os ilimitados poderes mentais e espirituais residentes em nossas profundezas. Essa lei se aplica tanto às boas quanto às más ideias.

"Sempre que você faz uma afirmação como 'Eu nunca vou ter uma resposta, não sei o que fazer, estou toda enrolada'", escrevi, "você bloqueia o acesso às respostas do subconsciente. Se sentir total confiança na sabedoria da resposta que virá, a Inteligência Infinita residente em seu subconsciente lhe dirá o que fazer."

Joanna aceitou o conselho. Frequentemente orava da seguinte maneira:

A Inteligência Infinita tudo sabe. A sabedoria de minha mente subconsciente me revela as respostas certas. Sou divinamente orientada sobre minha casa e sobre a escolha de um marido, e confio em que a Inteligência Infinita conhece meus talentos inexplorados e me orientará para meu verdadeiro lugar na vida, onde farei o que adoro, divinamente feliz e próspera.

Joanna teve a inspiração de deixar o emprego e aceitar o novo cargo em um grande escritório de advocacia. Casou-se mais tarde com o antigo namorado, e os dois vivem hoje na casa que não vendeu. Obteve a solução perfeita para todos os seus pedidos. A sabedoria do subconsciente está além de tudo que podemos descobrir.

PENSAMENTOS SENSATOS

Se você pensa sensatamente, a reação ou resposta será sensata. O ato é apenas a manifestação do pensamento. O ato construtivo é apenas a expressão de um pensamento sensato ou judicioso.

Após pedir orientação ou resposta para um dado problema, não ignore passos intermediários óbvios ou convenientes para sua meta. Você evita bloquear a resposta quando pensa simplesmente na solução, sabendo que o pensamento ativa o subconsciente, que tudo sabe, tudo vê e dispõe do necessário para levá-lo a seu objetivo.

ESCOLHA CONFIANÇA, TRIUNFO E VITÓRIA

Está na Bíblia: *Escolhei hoje a quem servireis* (Josué 24:15). A chave para a saúde, felicidade, paz de espírito e prosperidade é a capacidade de escolher. Quando aprender a pensar certo, você deixará de escolher a dor, o sofrimento, a pobreza e a limitação. Muito ao contrário, escolherá a partir do tesouro do Infinito que existe dentro de você e dirá incisiva e decisivamente: "Eu escolho felicidade, paz, prosperidade, sabedoria e segurança."

No momento em que, na mente consciente, tomar essa decisão clara, o subconsciente – rico em poder e sabedoria do Infinito – virá em sua ajuda. A orientação lhe chegará e lhe será revelado o caminho para a sua realização.

Afirme clara e positivamente, sem a menor hesitação, dúvida ou medo: "Só há um poder na criação, e é o poder de meu mais profundo eu. Há solução para todos os problemas. Sei que isso é verdade, repete isso e nisso acredito." Enquanto repete confiantemente essas verdades, você recebe a orientação aplicável a todos os seus atos, e maravilhas lhe acontecerão na vida.

COMO ELA SUPEROU A SENSAÇÃO DE FRUSTRAÇÃO

Amelia G., uma jovem e frustrada projetista de veículos automotores, veio me procurar.

– Em todos os empregos que tive – contou ela –, o chefe me prejudicou. Sei que, embora competente no trabalho, meus talentos estão sendo desperdiçados. Acho que isso acontece porque sou mulher em uma área ainda dominada por homens em grande parte. Recebi esse tratamento a vida toda, começando com meu pai. Ele acreditava piamente que mulheres devem crescer para casar, ter uma infinidade de filhos e cuidar da casa. Até onde sei, ainda acredita nisso. Não tenho contato com ele há três ou quatro anos.

– Por que isso? – perguntei. – Ele se afastou de você, ou foi você?

– Eu estava cansada demais de ouvir sermões! – exclamou ela. – Cheguei ao ponto de odiar a sua voz. Sei que devo ser mais tolerante e compreensiva. Ele, provavelmente, pensa que só quer meu bem. Mas não consigo aguentar mais essa lenga-lenga ultrapassada. Não vou aguentar. Não dou a mínima se é meu pai e nem mesmo me importo se Deus vai me castigar por odiá-lo.

– Espere aí, deixe-me ver se entendi o que está dizendo – interrompi. – Você se sente ressentida com seu pai por causa das ideias ultrapassadas dele sobre mulheres. Ao escolher sua carreira, você fez mais do que guardar rancor contra essas ideias. Rebelou-se violentamente contra elas. Certo?

– Bem, claro – respondeu Amelia. – O senhor não faria o mesmo se estivesse na minha situação?

– Talvez fizesse – concedi. – Mas o que estou pensando é que você vê seu pai em todos aqueles que exercem autoridade sobre você, o que inclui até mesmo Deus. Não é possível que esteja transferindo a culpa por suas próprias fraquezas e erros para seus chefes, a fim de justificar uma atitude de rebeldia que nada tem a ver com eles?

Amelia superou seu sentimento de frustração quando reconheceu que estava na realidade bloqueando, por medo, ressentimento e ódio, o progresso que poderia fazer na vida. Resolveu, pela manhã e à noite, que iria fazer a seguinte oração:

> Desejo saúde, felicidade, paz e promoção a todos na empresa onde trabalho. Meu chefe me parabeniza por minha dedicação. Visualizo sempre esse quadro em minha mente e sei que vai se tornar realidade. Sou uma pessoa carinhosa, bondosa e prestativa. Pratico a Regra de Ouro e, com sinceridade, trato todas as pessoas como gostaria de ser tratada. A Inteligência Divina me orienta e guia durante todo o dia, e estou obtendo progresso em tudo o que faço.

Ao saturar a mente de forma regular e sistemática, com esses pensamentos, Amelia conseguiu criar uma nova atitude mental que mudou tudo em sua vida.

CINCO EMPREGOS EM CINCO MESES

O rapaz que me procurou no escritório estava, para ser franco, numa confusão total. Bernhart O. começou dizendo o seguinte:

– Ontem fui mandado embora do emprego. Isso significa cinco empregos em cinco meses. O senhor não acha que é um recorde?

Continuou, dizendo que sofria de insônia, alcoolismo e depressão. No entanto, o que achei estranho foi que ele parecia quase orgulhoso dessa lista de problemas.

– Por que motivo acha que é demitido tantas vezes assim? – perguntei.

– Eles não me topam – respondeu. – Meus chefes, os outros caras... ninguém gosta de mim. Talvez seja minha cara ou a minha química não combinando com a deles.

– Você é bom trabalhador? – perguntei, explorando a situação. – Chega na hora e trabalha realmente para valer?

Ele desviou a vista.

– Não é culpa minha – murmurou. – Às vezes, simplesmente não tenho vontade de ir. Se fiquei acordado a noite inteira, sem conseguir dormir...

– Ou com uma ressaca daquelas? – sugeri.

– Isso, também – reconheceu ele. – De qualquer jeito, que importância tem isso? Eles não gostariam de mim, de modo algum e, mais cedo ou mais tarde, me mandariam embora.

Expliquei a Bernhart que sua atitude dominante de medo contaminava tudo. Sua maneira pessimista, de indivíduo sem valor, o levava a ver apenas o lado sombrio ou negativo da vida. Essa tendência fazia com que agisse de forma indolente e inepta. Claro, os chefes não gostavam dele, nem queriam que continuasse no emprego. Por que deveriam querer? Como nada lhes dava, não podia esperar coisa alguma em troca.

Por sugestão minha, Bernhart fez um curso de noções fundamentais sobre negócios e outro sobre a arte de falar em público. Esforçando-se, tomando iniciativas e aplicando-se ao estudo, aprendeu os rudimentos do mundo empresarial. Começou a orar, pedindo orientação e prosperidade, afirmando regularmente que Deus o guiava em todos os seus caminhos e que tinha um sucesso maior que seus sonhos mais ambiciosos.

Gradualmente, a atitude de Bernhart mudou. Ele cultivou entusiasmo, perseverança e espírito de equipe. Sentindo-se feliz e alegre, começou a expressar, por atos e palavras, saúde, equanimidade e autêntica alegria de viver. No emprego seguinte, foi mantido após um estágio probatório e, em pouco tempo, foi promovido para um cargo de mais responsabilidades.

Aprendeu que praticamente todos os ensinamentos, sejam institucionais, religiosos ou seculares, têm como objetivo induzir uma mudança de atitude mental em relação à vida, às pessoas e aos fatos. O primeiro passo para eliminar o medo anormal e seguir em frente foi corrigir sua atitude diante da vida.

COMO TRANSFORMAR DESEJOS EM REALIDADE

Ninguém pode servir a dois senhores. Você não pode esperar transformar em realidade o desejo de seu coração se acredita que há um poder que o contraria, criando conflito e lhe dividindo a mente. Você fica parado, sem chegar a lugar algum. A mente tem que se mover como unidade, e o Infinito não pode ser dividido ou multiplicado. Tem que ser um único – uma unidade. Não pode haver dois Infinitos, uma vez que Um brigaria com o Outro e Eles se neutralizariam ou se cancelariam. Teríamos caos em vez de cosmo. A unidade do espírito é uma necessidade, porquanto não há oposição ao único Poder. Se houvesse alguém que pudesse desafiar Deus, ou o Ser Infinito, Ele não mais seria onipotente ou supremo.

Você pode sem dúvida compreender a confusão e o caos que reinam na mente de pessoas que acreditam em dois poderes opostos. Ficam divididos porque servem a dois senhores, convicção que dá margem a conflitos, dividindo-lhe o poder e a força. Aprenda a tomar apenas uma direção, acreditando que Deus, que lhe deu o desejo, lhe mostrará também como transformá-lo em realidade.

FAÇA UM INVENTÁRIO PESSOAL

Você está passando por atritos, mal-entendidos e ressentimentos em seus relacionamentos? Esses problemas são resultados de más companhias que você conserva na mente. Quando jovem, seus pais lhe disseram para evitar as más companhias. Se desobedecia, sentia sua desaprovação. De maneira um tanto parecida, você não deve andar pelos becos escuros da mente com rancor, medo, preocupações, má vontade com os outros e hostilidade. Esses sentimentos são os ladrões da mente. Eles o privam de equanimidade, equilíbrio, harmonia e saúde.

Você precisa, positiva e definitivamente, recusar-se a andar com sentimentos negativos, sempre à espreita nas vielas escuras da mente. Tem que se acostumar a andar pelas ruas ensolaradas da mente, ligando-se a companhias belas e espirituais, como confiança, paz, fé, amor, alegria, boa vontade, saúde, felicidade, orientação, inspiração e prosperidade. Você pode escolher suas companhias no mundo material e se certificar de que, ao fazê-lo, as seleciona de acordo com os critérios da honestidade e integridade.

Você escolhe roupas, trabalho, amigos, professores, livros, casa e alimentação. Você é um ser dotado de vontade própria e com poder de opção. Quando escolhe algo, manifesta uma preferência, mesmo que seja apenas um chapéu ou um par de sapatos. Após fazer um inventário do conteúdo de sua mente, escolha saúde, felicidade, paz e prosperidade e, assim, só colherá dividendos fabulosos.

A COMPREENSÃO ELIMINA O SOFRIMENTO EVITÁVEL

Você tem que tirar da mente as convicções, opiniões e teorias falsas. Troque-as pela verdade que o libertará. Você não é vítima dos cinco sentidos nem controlado por condições externas ou pelo meio. Pode mudar as condições ao modificar a atitude mental. Seus pensamentos e sentimentos fazem seu destino e determinam as experiências. Por isso, não pode mais culpar os outros pelo seu sofrimento, dor ou fracasso.

Aquilo que pensa, em que acredita e a que deu consentimento mental determina, consciente ou inconscientemente, os acontecimentos, eventos e circunstâncias de sua vida. Uma vez que compreenda realmente essa verdade, você deixará de ter medo ou ressentimento, de condenar e culpar os outros. Descobrirá que não tem que mudar ninguém, a não ser você mesmo.

VOCÊ CRIA SEU PRÓPRIO CÉU

Durante incontáveis séculos, o homem olhou para fora de si e saturou a mente de ciúme, ódio, medo, ressentimento e depressão, porque acreditava que estranhos lhe criavam obstáculos à felicidade e causavam incontáveis problemas. Acreditou que era vítima do destino, do acaso e de acidentes e que poderes e forças hostis combatiam o sucesso que tanto almejava. Tinha a mente perturbada por todo tipo de ideias, superstições, ansiedade e filosofias complicadas sobre demônios, entidades perversas e forças malignas.

Na verdade, o pensamento cria. Nossos pensamentos habituais se transformam em riqueza ou pobreza. Precisamos nos livrar de todos os conceitos errôneos e falsos e compreender que somos nós que criamos nosso próprio céu (harmonia e paz) ou inferno (penúria e sofrimento) aqui, agora e sempre.

Podemos influenciar, positiva ou negativamente, o subconsciente. A mente subconsciente é sempre amoral e impessoal. Não tem ética nem sentimentos. Por isso mesmo, se os pensamentos são de natureza má, a lei da mente subconsciente os transformará automaticamente em realidade. Se os pensamentos são de bondade, sadios e construtivos, a mesma lei gerará experiências e circunstâncias felizes.

Essa é, sem tirar nem pôr, a lei de causa e efeito, de natureza universal e impessoal.

PUNIÇÃO E RECOMPENSA

A punição e a recompensa que você receberá dependerão da maneira como usar a mente. Se tomar uma decisão errônea, invocará a resposta justa da lei da mente subconsciente. Experimentará a perda como resultado do julgamento ou da decisão errôneos. A implacável lei da ação e reação opera, sem exceção, em toda a natureza, atuando no momento exato. Se os pensamentos são sensatos, os atos o serão também. Essa lei nos lembra que tudo colhido é fruto do que se planta.

Deus não é vingativo. A lei impessoal da mente, porém, reage de acordo com o que nela está gravado. Sua vida mental gera o que lhe parece vingança quando você não se dá conta de como a mente funciona. Na verdade, o que você sente são os efeitos da lei natural de ação e reação, sempre imparcial, exata, precisa e atuante. Suponha que um amigo cai num lago e se afoga porque não sabia nadar. Você culparia o lago, acusando-o de agir de forma vingativa? Claro que não. A água é inteiramente impessoal. Ela simplesmente cumpre uma lei natural.

> Enviei minh'alma através do Invisível,
> Para alguma lição desse pós-vida me trazer,
> E logo minh'alma voltou
> E respondeu: "Eu mesma sou Céu e Inferno."
>
> (*Rubáiyát*, Omar Khayyam)

O LUGAR SECRETO

Sugiro que você detenha com frequência as divagações da mente e pense nas grandes verdades que vivem no coração de todos nós: *O que habita no esconderijo do Altíssimo descansará à sombra do Senhor* (Salmos 91:1). Ao fazer regular e alegremente a oração a seguir, você se sentirá rejuvenescido e energizado espiritual, mental e fisicamente:

> Vivo no local secreto do Altíssimo, que é a minha própria mente. Todos os meus pensamentos refletem harmonia, paz e boa vontade. Minha mente é o lar da felicidade, da alegria e da sensação profunda de segurança. Todos os pensamentos que penetram nela contribuem para minha alegria, paz e bem-estar geral. Vivo, movimento-me e existo na atmosfera do bom companheirismo, do amor e da unidade.
>
> Todas as pessoas que surgem em minha mente são filhas de Deus. Nela, estou em paz com todos os membros de minha família e com toda a humanidade. O mesmo bem que desejo para mim, desejo para todos. Habito agora a casa de Deus. Manifesto paz e felicidade, pois sei que habitarei a casa do Senhor para todo o sempre.

PONTOS IMPORTANTES A LEMBRAR

1. Erradique o medo ligando-se mental e emocionalmente à Presença divina que há em você.
2. Se não puder encontrar algo, pergunte ao subconsciente e ele lhe dará a resposta.
3. Muitas vezes, o ódio é causado pelo medo de ser castigado. Perdoe o outro e assim fique livre.
4. Medo do fracasso atrai fracasso. Espere sucesso, e a boa sorte lhe sorrirá.
5. Se confinado, forme uma visão mental e a cultive. Seja leal a ela e chegará aonde está a sua visão.
6. O medo é a causa de muitos padecimentos físicos. Sature a mente com amor e boa vontade, e será livre.
7. Nunca diga "estou morrendo de medo" ou "estou todo confuso". A mente subconsciente aceita literalmente essas afirmações, fazendo você permanecer confuso.
8. Se seus pensamentos forem sensatos, seus atos também o serão.
9. A chave para a saúde, felicidade e paz de espírito está na capacidade de optar por uma vida em que tudo de bom acontece.
10. Você não tem que ficar frustrado. Compreenda que Deus lhe deu o desejo e fará com que ele se transforme em realidade na ordem divina. Não há poder que possa se opor à Onipotência.
11. Uma mudança de atitude transforma tudo. Desenvolva entusiasmo, acredite em si mesmo e em seus poderes internos, e maravilhas acontecerão em sua vida.
12. A pessoa irresoluta é instável em tudo. Seja decidido. Reconheça o Único Poder, e assim sua mente se moverá em uníssono com ele.
13. A causa de todos os seus problemas é o tipo de companhia que mantém na mente. Faça um inventário agora.

14. O que você pensa e sente cria seu destino. Não há ninguém a culpar, salvo você mesmo.
15. O homem cria seu céu ou inferno, aqui e agora, com a maneira como pensa durante o dia inteiro.
16. Punição ou recompensa dependem da forma como você usa a mente. A lei da ação e reação atua em toda a natureza em todos os seus momentos. Pense no bem, e o bem se seguirá; pense no mal, e o mal ocorrerá.

Lei 7
A lei maravilhosa da segurança

Você se sente seguro ou inseguro? A resposta depende principalmente de sua atitude em relação à vida. O Dr. William Y., ilustre médico e pesquisador da University of California, em Los Angeles, disse-me um dia que nunca encontrou um paciente com forte sensação de segurança que sofra de preocupação crônica, medo ou distúrbios mentais de qualquer tipo. Atribui ele tal segurança à fé e à confiança permanentes do indivíduo no Poder Supremo que olha por nós em tudo o que fazemos.

Se você desconhece a grandeza fundamental e as riquezas infinitas que guarda em seu íntimo, tende a exagerar os problemas e dificuldades que enfrenta. Concede-lhes poder, dando-lhes a influência e o controle que nega a si mesmo. Uma das principais razões da sensação de insegurança consiste em considerarmos fatores externos da vida como causas, sem compreender que, na verdade, são efeitos.

COMO DESENVOLVER A SENSAÇÃO DE SEGURANÇA

Não há segurança autêntica separada do sentimento de unidade com Deus – a Fonte de todas as bênçãos. Essa é a primeira verdade que tem que compreender. Ao aplicar os princípios descritos neste livro, poderá desenvolver uma sensação prática, funcional, sadia e maravilhosa de segurança interior. Em todos nós há uma urgência que brada por união com a Fonte

Eterna. Junte-se a esse Poder Infinito e, imediatamente, terá acesso à sua força.

Você está imerso em um oceano infinito de Vida – a Mente Infinita – que o satura por completo, e no qual você vive, move-se e existe. Lembre-se de que esse Poder Infinito jamais foi derrotado ou frustrado por coisa alguma que lhe seja externa. Essa força é onipotente, e quando se junta conscientemente a ele, por meio de pensamento e sentimento, você se torna imediatamente mais poderoso do que aquilo que teme.

O Infinito se estende em sorridente repouso dentro de você, e esse deverá ser o estado autêntico de sua mente. O poder e a sabedoria da Mente Infinita se tornam preponderantes e ativos em sua vida no momento em que você reconhece sua existência e com ela mantém contato mental. Se fizer isso agora, sentirá imediatamente uma sensação maravilhosa de segurança e descobrirá a paz que ultrapassa todo entendimento.

ELE DEIXOU DE ORAR CONTRA SI MESMO

Ernest S., um amigo meu, se envolveu em um longo processo na Justiça que lhe custou uma fortuna em honorários de advogado, o qual lhe disse que ele provavelmente perderia a causa. Esse resultado implicaria levá-lo praticamente à falência. Ernest ficou apavorado. Enquanto discutia o assunto comigo, lamentava-se, dizendo que não tinha mais razão para viver. A única coisa a fazer era acabar com aquilo de uma vez por todas.

– Você tem ideia de como é destrutivo dizer coisas como essas? – perguntei. – Sempre que você abriga ou manifesta pensamentos negativos, ajuda a prolongar a ação judicial que está acabando com sua paz de espírito. Na verdade, você está orando contra si mesmo.

Em seguida lhe fiz uma pergunta simples:

– O que você diria se eu lhe falasse que há uma solução perfeita e harmoniosa para o caso e que o processo judicial será julgado logo?

– Ficaria felicíssimo e lhe seria eternamente grato – disse ele. – Eu me sentiria como um homem condenado à morte que acabasse de ser libertado.

– Você promete tentar fazer com que seus pensamentos mais íntimos e silenciosos se ajustem ao que deseja conseguir? – perguntei. – Essa atitude, acredito piamente, é que produzirá uma conclusão feliz dessa ação na Justiça.

– Vou tentar – prometeu ele.

Dei-lhe uma oração para repetir, regular e sistematicamente, nos seguintes termos:

"Dou graças pela solução perfeita e harmoniosa que ocorre através da sabedoria Daquele que Tudo Sabe."

Ernest repetiu a prece várias vezes por dia, especialmente quando lhe vinham pensamentos de dificuldades, demoras, reveses, discussões, dúvidas e medo. Deixou inteiramente de fazer afirmações negativas e controlou também os pensamentos que lhe ocorriam espontaneamente, sabendo que eles e os sentimentos que despertavam acabariam por se manifestar na vida real.

Aquilo que você sente é o que se manifesta. Você pode sempre dizer algo que não condiz com seus sentimentos. Entretanto, aquilo que sente no íntimo é que será exteriorizado.

Com prática e disciplina, ele aprendeu a jamais afirmar em seu interior algo que não quisesse vivenciar. Lábios e coração passaram a falar com uma só voz no tocante à solução da causa na Justiça, e como seria de se esperar, a Justiça Divina prevaleceu. De forma totalmente inesperada, recebeu novas informações, e a ação judicial foi resolvida sem nenhuma perda financeira de sua parte.

Meu amigo compreendeu que sua segurança dependia de se alinhar com a Presença Infinita, que se manifesta sob a forma de unidade, harmonia, justiça e ação correta. Descobriu que nada pode se opor ao Poder Infinito que move o mundo.

O FIM DE MINHAS ESPERANÇAS

– Estou no fim de meus recursos – disse Celeste B., que ouvira falar de mim por intermédio de um amigo que havia comparecido a algumas de minhas palestras. – Tenho um grave problema no sangue. É provável que, em algum momento da vida, me torne uma completa inválida. Quem iria querer dar emprego a uma pessoa como eu ou se envolver em um relacionamento comigo? Minha vida acabou, mesmo antes de começar!

– Não há dúvida de que você está pintando um quadro muito trágico – comentei. – Quem foi que lhe deu esse diagnóstico? Seu médico? Um especialista?

Ela hesitou e respondeu em seguida:

– Bem... Na verdade, minha médica faz o possível para me animar. São meus parentes, e eles devem saber o que dizem. Veja o caso de tio Bob. Ele morreu da mesma doença. Os médicos tentaram de tudo para salvá-lo, mas nada funcionou. É uma doença incurável. Sou igualzinha a ele, e estou com medo.

– Por que veio aqui? – perguntei. – O que espera conseguir com esta conversa?

Ela olhou para o chão.

– Meu amigo disse que o senhor talvez pudesse me ajudar a ficar boa – disse ela baixinho.

– Não, lamento dizer que não posso – respondi. Ela se empertigou toda. Rapidamente, acrescentei: – Mas posso ajudá-la a se curar. Quaisquer que sejam os problemas que sua médica descobriu, eles estão sendo agravados porque sua mente subconsciente está saturada com comentários negativos de parentes a respeito de sua saúde. Enquanto continuar a lhes dar ouvidos, não é provável que se cure. Porém, logo que se lembrar de que não é seu tio, mas apenas você mesma, a Presença Curadora Infinita que criou seu corpo pode começar a restabelecer a perfeição de Sua obra.

Após nossa conversa, Celeste começou a utilizar um tom diferente em seus diálogos com a mente subconsciente. Eu lhe disse que de forma lenta, tranquila e carinhosa, assim orasse:

> A Inteligência Criadora que formou meu corpo está agora recriando meu sangue. Essa Presença sabe como curar e está transformando cada célula de meu corpo segundo o modelo divino. Ouço e vejo a médica me dizendo que fiquei boa. Tenho agora essa imagem na mente. Vejo-a claramente e ouço sua voz, dizendo: "Celeste, você está curada! É um milagre!" Tenho certeza de que essas imagens construtivas penetram de maneira profunda em minha mente subconsciente, onde estão sendo cultivadas e frutificarão. Tenho certeza de que a Presença Curadora Infinita está neste momento restabelecendo minha saúde, a despeito de toda evidência sensorial em contrário. Sinto isso, acredito nisso, e neste momento eu e meu objetivo somos um – saúde perfeita.

Celeste repetiu a oração quatro ou cinco vezes por dia, durante 10 a 15 minutos, principalmente antes de dormir. Às vezes, descobria que recaía nos velhos hábitos de ficar tensa, se importar e se preocupar com prognósticos feitos por outras pessoas. Quando esses pensamentos lhe ocorriam, passava a dar uma ordem: "Parem! Sou a senhora de meus pensamentos, imagens e reações, e eles têm que me obedecer. De agora em diante, todos os meus pensamentos estarão em Deus e em Seu poder criador. É dessa maneira que alimento meu subconsciente. Identifico-me constantemente com Ele, e meus pensamentos e sentimentos são: 'Obrigada, Pai!' Farei isso cem, ou até mil vezes, por dia, se assim for necessário."

Três meses depois, o exame de sangue de Celeste estava quase normal. Por meio de repetição, orações e meditação, ela criou novos hábitos de pensamento positivo e conseguiu sintonizar a mente subconsciente com o desejo de seu coração. Provou a si mesma a verdade da Bíblia:

Tua fé te salvou (Mateus 9:22).

A SEGURANÇA NÃO PODE SER IMPOSTA

Nenhum governo, por mais bem-intencionado, pode lhe garantir paz, felicidade, alegria, prosperidade ou segurança. Você tampouco pode determinar exatamente como serão todos os eventos, circunstâncias e experiências que terá em sua jornada pela vida. Desastres naturais destruirão cidades e propriedades, acabando com as posses de milhares de pessoas. Ocorrerão insurreições, guerras e sublevações políticas com efeitos imprevisíveis sobre as pessoas e suas economias. Tragédias internacionais e o medo da guerra produzirão efeitos calamitosos sobre as bolsas de valores de todo o mundo.

Todas as posses materiais são vulneráveis a mudanças. Não há segurança real em ações, títulos ou dinheiro no banco. O valor de uma nota de 50 dólares depende da integridade e honestidade do governo e de sua capacidade de lastrear uma moeda sólida. Um cheque é apenas um pedaço de papel. Seu valor depende da integridade e honestidade do signatário e de sua fé na solidez da instituição.

REZE E PROTEJA SEUS INVESTIMENTOS

Se todos os dias você dedicar algum tempo e atenção à prece e à meditação, sua atitude mental mudará, e você não sofrerá com os muitos riscos e catástrofes imprevisíveis mencionados neste capítulo.

Caminhe pelo mundo sabendo que há um suprimento eterno das dádivas de Deus. Adquira a certeza, no mais íntimo do coração, de que a Presença Protetora zela por você em todos os seus caminhos. Lembre-se de que, enquanto conservar a consciência de prosperidade, nenhum prejuízo pode lhe ocorrer. Quando grava na mente que há uma Fonte Eterna de suprimento de tudo que deseja, a pobreza não pode atingi-lo. Qualquer que seja a forma que a riqueza assuma, você estará sempre bem suprido.

A PRECE CONTROLOU SEUS ALTOS E BAIXOS NA VIDA

– Há dois meses, eu valia uma fortuna – disse, durante o almoço, Eric W. – Em seguida, todas as empresas de tecnologia em que eu investira meu dinheiro faliram, uma a uma. Hoje, estou reduzido a me perguntar se o cartão de crédito será aceito quando tentar pagar este almoço. Quanto à saúde... Num mês, estou excursionando a pé pelas Sierras e, no outro, mal posso me arrastar degraus acima em minha casa. Há algo que eu possa fazer para acabar com esses altos e baixos?

– Claro que há – garanti. – Todos podem ter uma vida equilibrada, na qual reinam supremas a serenidade e a tranquilidade. O fundamental para que assim aconteça é trabalhar para adquirir controle mental e emocional. Você descobrirá que poderá preservar a equanimidade em todas as circunstâncias. Há quase dois mil anos, Marco Aurélio disse: *Nada acontece a um homem que ele não tenha sido preparado pela natureza para suportar.* No Havaí, os guias lhe mostrarão a casa onde um grande escritor, Robert Louis Stevenson, escreveu uma obra-prima, *A ilha do tesouro*, a despeito do fato de que, nessa ocasião, sofria de um caso agudo de tuberculose!

Passei a Eric uma receita espiritual que o ajudaria a tirar força e confiança do reino de Deus que nele existe. Todos os dias, fez a seguinte prece, em que estavam consubstanciadas essas verdades eternas:

Tu, Senhor, conservarás em perfeita paz aquele cujo propósito é firme; porque ele confia em Ti (Isaías 26:3). Tenho certeza de que os desejos mais profundos de meu coração vêm do Deus que existe em mim. Deus quer que eu seja feliz. O que Deus deseja para mim é vida, amor, verdade e beleza. Mentalmente, aceito agora o bem e me transformo em um canal perfeito para o divino. Sou uma manifestação de Deus. Sou divinamente orientado em todos os meus caminhos e estou sempre no lugar certo, fazendo aquilo que adoro fazer. Recuso-me a aceitar como verdades as opiniões dos outros, porque minha mente é parte da mente de Deus e estou sempre refletindo a sabedoria e a inteligência divinas. As ideias de Deus se desenvolvem em minha mente em uma sequência perfeita. Estou sempre bem centrado, equilibrado, sereno e calmo, porque tenho certeza de que Deus me revelará a solução de todas as minhas necessidades. O Senhor é meu pastor, nada me faltará. Sou divinamente ativo e criativo. Percebo e sinto o ritmo da ação de Deus. Ouço a melodia de Deus, sussurrando em meus ouvidos a mensagem de Seu amor por mim.

COMO ELA CUROU A SENSAÇÃO DE PERDA

Após um serviço religioso, fui apresentado a Daphne W., uma moça que me disse o seguinte:

– Perdi tudo pelo que sempre vivi. Meu pai faleceu no mês passado. Não éramos muito chegados, mas sempre contei com sua presença. Em seguida, seu advogado me disse que havia feito alguns péssimos investimentos nos últimos anos. Eu sempre fora levada a acreditar que herdaria uma fortuna, mas ela desapareceu.

Com um forte sentimento de perda, Daphne tinha medo do futuro. O medo, porém, pode ser sempre substituído pela fé em Deus e em todas as coisas boas, logo que aprendemos a usar a mente. Conversando com Daphne, disse-lhe que ela jamais pode realmente perder algo, a menos que aceite mentalmente a perda, uma vez que todas as experiências ocorrem pela mente.

Imagine que "perdi" meu relógio. Isso, na verdade, só significa que o relógio está em algum lugar, mas que não posso achá-lo neste exato minuto. Pode ter caído na rua ou talvez o tenha deixado na cabine telefônica, ou, quem sabe, um batedor de carteira o pegou. Não importa o que tenha acontecido, o relógio não está perdido na Mente Infinita de Deus. *Não se fará mal nem dano algum em meu santo monte* (Isaías 11:9). A Mente Infinita satura e reside no interior de cada partícula de matéria do Universo. O relógio é uma ideia na mente, e mesmo que tenha sido esmagado por um caminhão e transformado em pó, a mente humana pode criar milhões deles. Deus não pode perder coisa alguma.

Daphne tomou a decisão de eliminar o medo da perda e a profunda sensação de insegurança que lhe causavam tanta angústia. Como primeiro passo, compreendeu uma das leis da mente, ou seja, ninguém pode nos roubar de nosso bem sem nosso consentimento mental, que toma a forma de temer a perda ou nela acreditar. O segundo passo foi fazer uma opção mental clara, sabendo que a escolha dos tesouros e riquezas de Deus, se lhe desse toda a atenção e a ela permanecesse fiel, seria aceita pela mente subconsciente, que a transformaria em realidade. Finalmente, o terceiro seria acreditar sinceramente na ideia de que a riqueza de Deus fluía para sua vida, gerando a certeza, no fundo do coração, de que a ajuda Dele se tornaria realidade.

Essa atitude mental dissolveu rapidamente o sentimento de perda. Sua mente começou a mover se em uníssono com a mente de Deus, em uma única direção. Como seria grotesco e ridículo supor que a Mente Infinita de Deus pudesse se mover simultaneamente em duas direções!

O quarto passo de Daphne consistiu em fazer a seguinte prece:

Na tranquilidade e na confiança está a vossa força (Isaías 30:15). Tenho certeza de que minha sensação interior de segurança se baseia no conhecimento de que Deus cuida de mim. Tenho confiança em Sua orientação. Minha maior segurança está no fato de eu estar certo da Presença de Deus e senti-la. Tenho certeza, no fundo do coração, de que Deus é a origem de toda a vida e de todas as bênçãos. Deus está comigo e é por mim. Ele me protege e ama, provê minhas necessidades e me apoia. Meus pensamentos são de realização pessoal, uma vez que todos os desejos de Deus se transformam em realidade. Ele me cura a alma e a vida mental. Sua bondade e misericórdia certamente me seguirão durante todos os dias de minha vida, porque resolvi habitar mental e espiritualmente a casa do Senhor para todo o sempre.

Após ter orado dessa maneira durante seis semanas, Daphne foi convidada a comparecer a uma recepção política em Los Angeles. Um legislador importante ficou impressionado com seu equilíbrio, autoconfiança e profunda tranquilidade. Ofereceu-lhe um cargo importante em Sacramento, entre seus assessores. A fé de Daphne na concretização de seus desejos trouxe os resultados que tanto almejava.

A vida é sempre eminentemente justa. Os altos e baixos, a doença, os tumultos, as lutas e a infelicidade que às vezes se abatem sobre nossa existência são consequências do uso errôneo que fazemos das leis da mente e resultados de ideias falsas e supersticiosas em que acreditamos.

CONSTRUINDO UM FUTURO GLORIOSO

Comece a trabalhar os pensamentos, sintonize com o Uno Infinito e declare corajosamente: *E tu me cercas de alegres cantos de livramento* (Salmos 32:7). O Deus Todo-Poderoso está em você. Você dispõe de tudo de que necessita para levar uma vida repleta de glórias e maravilhas, pois tem em você todo o poder de Deus. Liberte em sua vida a sabedoria, o poder e a glória de Deus.

Se não usar seus músculos, eles inevitavelmente se atrofiarão. Você possui "músculos" mentais e espirituais que também precisam ser exercitados. Se seus pensamentos, atitudes, motivações e reações não refletem Deus, seu contato com Ele é interrompido, e você se torna deprimido, rejeitado, temeroso, mentalmente lerdo e doentio.

Olhe para seu interior. *Pois o reino de Deus está dentro de vós* (Lucas 17:21). O poder, a sabedoria e a força de Deus para enfrentar todo e qualquer desafio estão em você. *O povo que conhece o seu Deus se tornará forte e ativo* (Daniel 11:32). *Eis que sou o Senhor, o Deus de todos os viventes; acaso haveria coisa demasiadamente maravilhosa para mim?* (Jeremias 32:27).

UMA RECAPITULAÇÃO SADIA

1. Suas preocupações e medos se devem, na realidade, à sua incapacidade de se alinhar com o Infinito, que não conhece medo nem oposição.
2. Não pode haver segurança autêntica alguma se você não sentir que é uno com Deus.

3. Seus pensamentos profundos e silenciosos precisam estar de acordo com seus objetivos na vida. Caso contrário, suas preces não poderão ser atendidas.
4. Quando você sempre nega mentalmente o que afirma em voz alta, nenhuma cura poderá alcançar.
5. A sensação autêntica de segurança não depende de títulos, ações ou propriedades imobiliárias. Essa sensação tem por fundamento a fé e a confiança em Deus, o Dispensador de todas as dádivas.
6. Nenhum governo pode garantir segurança, paz ou felicidade. Através das leis da mente, você é quem decreta a segurança, a paz, a alegria e a saúde de que desfruta.
7. Você protege seus investimentos quando tem certeza de que todas as suas posses são vigiadas pela Presença Suprema e habita sempre o Local Secreto.
8. Evite os altos e baixos, compreendendo que a lei e a ordem divinas governam sua vida, e que Deus pensa, fala, age e dirige todas as suas atividades. Torne essa prece um hábito, e terá equilíbrio e segurança.
9. O medo pode ser substituído pela fé em Deus e em Seu suprimento eterno de dádivas. *Na tranquilidade e na confiança está a vossa força* (Isaías 30:15).
10. Você pode ter uma vida repleta de glórias e maravilhas ligando-se a Deus e sabendo que Seu poder, sabedoria e força estarão presentes para solucionar todos os problemas. Quando você dá o primeiro passo, Deus dá o primeiro passo. *Eu e o Pai somos Um* (João 10:30).

Lei 8
A lei mágica da alimentação da mente

Conheço pessoas que comem os alimentos mais finos e seguem uma dieta perfeitamente equilibrada, segundo as leis da nutrição, mas, ainda assim, sofrem com úlceras, câncer, artrite e outras doenças mortais e degenerativas.

Já o alimento de suas experiências, condições e daquilo que lhe acontece é a vida mental que você leva. O pensamento habitual nutre e sustenta as condições em que vive e faz com que ampliem e tornem mais fortes suas experiências. Pensamentos de medo, preocupação, crítica, raiva e ódio são alimentos para doenças, desânimo, fracasso e sofrimento.

Todas as criaturas vão aonde está o alimento. Exploradores e cientistas nos dizem que nenhuma vida animal pode existir nas partes do mundo onde é impossível obter alimento. A vida floresce em condições da abundância de comida. Quando você nutre a mente com produtos nocivos, a doença, a carência, a privação e o sofrimento entram em sua vida, porque estes são os alimentos que os sustentam.

VOCÊ É AQUILO QUE MENTALMENTE INGERE

Todos nós já ouvimos o ditado "O homem é aquilo que come". Se uma ideia é verdadeira, isso acontece geralmente em mais de um sentido. Você é também aquilo que ingere psicológica e espiritualmente. Pensamentos sobre Deus, amor, bondade, otimismo, alegria e boa vontade são alimentos para saúde, felicidade, alegria e sucesso. Se você absorve e digere mentalmente um volume considerável desses alimentos, atrai e experimenta todas essas alegrias da vida.

Se você odeia, inveja, tem ciúme e transborda de hostilidade, seu alimento físico pode muito bem se transformar de benefício para a saúde em veneno. Por outro lado, se você está repleto de boa vontade para com todos e à mesa está envolvido em alegria e dando graças pela refeição, o alimento se transformará em beleza, vitalidade, plenitude e força. O que você come se transforma em carne e osso. Esse é o sentido oculto daquilo que o homem come.

A IMPORTÂNCIA DA DIETA

Ninguém duvida da importância do alimento para o corpo. Atualmente, alguns dos pesquisadores mais eminentes falam dos perigos do excesso de gordura, que interfere na eficiência mecânica de todos os órgãos vitais, tais como coração, pulmões, fígado e rins. Sabemos que numerosas doenças físicas e mentais resultam de falta de certas vitaminas e elementos químicos. O beribéri, doença caracterizada por alterações inflamatórias múltiplas nos nervos, gerando grande debilidade muscular, é causado por deficiência de vitamina B. Conhecemos bem a necessidade de cálcio das mulheres grávidas. A deficiência da vitamina A produz efeitos nocivos sobre os olhos, e um volume suficiente de proteínas é imprescindível para o bem-estar físico.

Embora tudo isso seja importante, a dieta mental e espiritual é ainda mais importante.

O PÃO DO AMOR E DA PAZ

Donald L., um conhecido meu, é autor de um livro excelente sobre alimentação, que tem um cunho científico e traz ideias muito sólidas. Ele, contudo, tem problemas sérios de úlceras. Embora seu médico tenha experimentado tratar a doença com antibióticos e uma dieta especial, as úlceras simplesmente se agravaram.

Quando Donald, em uma conversa, descreveu a situação, perguntei:

– Você notou algo em sua vida mental e emocional que tenha ligação com úlceras?

– Minha vida? – respondeu ele. – Em absoluto. Mas vou lhe contar uma coisa. Não posso pegar um jornal ou assistir a um noticiário na TV sem sentir dor. Todas as principais matérias tratam de sofrimento, crime, injustiça e desumanidade. Fico arrasado. Tenho que passar algumas horas, todos os dias, escrevendo cartas e enviando e-mails a deputados e a funcionários do governo, dizendo o que penso exatamente sobre esses acontecimentos.

– Acho que você não se orgulha muito dessas mensagens – comentei secamente. – Seria justo descrevê-las como sendo iradas?

– Com toda certeza – concordou Donald –, e toda a minha raiva tem plena justificativa.

– Mesmo a parte que é responsável por sua doença? – perguntei. – Fique sabendo que a energia negativa acumulada dentro de você produz um efeito, mesmo que descarregue grande parte dela sobre um determinado alvo. Se quer se curar desse problema, terá que mudar sua dieta mental e emocional.

Ao fim de nossa conversa, Donald se comprometeu a adotar um novo regime mental:

Vou transformar, a partir de agora, todas as impressões negativas das quais tomo conhecimento durante o dia. De hoje em diante, jamais vou permitir que notícias, propagandas, críticas e declarações negativas dos outros me causem uma reação ruim. Quando me sentir tentado a reagir negativa ou vingativamente, pararei de imediato e afirmarei convictamente: "Neste momento, Deus pensa, fala e age através de mim. Seu rio de paz inunda meu coração e minha mente, e me identifico com meu objetivo, que é paz e harmonia."

À medida que transformou em hábito essa maneira de reagir, começou a se alimentar do pão do amor e da paz, e com isso teve uma cura notável em um período de tempo extremamente curto.

SUA DIETA MENTAL E ESPIRITUAL

Diz a Bíblia: *Não comereis coisa alguma abominável* (Deuteronômio 14:3). O sentido profundo, espiritual, dessas palavras é que você não deve dar abrigo nem destaque na mente para pensamentos negativos, como ressentimento, má vontade, cinismo, ódio ou raiva.

Eminentes pesquisadores e cientistas afirmam que o corpo se renova a cada 11 meses. Criamos células o tempo todo. Se enchemos a mente com verdades eternas e valores espirituais da vida, o cérebro envia essas vibrações a todo o corpo, por meio do sistema nervoso. Todas as novas células incorporam as vibrações dessas nuances, de modo que, como disse Jó, você também poderá dizer: *Em minha carne verei a Deus* (Jó 19:26).

Se quer florescer e prosperar, precisará de uma dieta mental e espiritual diferente. Por meio dos cinco sentidos, você é alimentado diariamente por uma avalanche de imagens, sons e conceitos o mais díspares possível, tantos bons quanto maus. Grande parte desse alimento é altamente prejudicial. Você precisa aprender a se voltar para o Deus interior e ser renovado do ponto de vista da Verdade. Afirme frequentemente com toda a convicção:

Deus está me orientando agora. O amor de Deus preenche minh'alma. Deus me inspira e ilumina meus caminhos na vida. Irradio amor e boa vontade para todos os seres. A lei e a ordem divinas governam minha vida em todas as ocasiões.

Essa prece constitui uma dieta espiritual maravilhosa para a mente. Coisas espantosas acontecerão se você criar o hábito de recitar essa prece.

O CONHECIMENTO MENTAL QUE SE TRANSFORMOU EM CONHECIMENTO DO CORAÇÃO

Após uma reunião em São Francisco, Romola D. me procurou.

— Li todos os livros que pude encontrar sobre cura espiritual — disse ela. — Eu mesma escrevi artigos sobre esse assunto. Ainda assim, não consegui me curar de uma colite crônica. Como o senhor pode explicar isso?

Enquanto conversávamos, dei-me conta de que Romola não meditava nem refletia sobre o que lia e escrevia a respeito dos poderes curadores da mente subconsciente, de modo a incorporá-los.

Ela estudara diferentes religiões, lera uma grande quantidade de livros inspiradores, estudara numerologia e astrologia, e parecia ser membro de carteirinha de qualquer novo e estranho culto. Estava tão desnorteada, perplexa e confusa, que a busca espiritual a deixara mental e emocionalmente desorientada.

Tracei para ela um plano muito simples. Sugeri que optasse pela verdade eterna e que todas as suas leituras, sua vida mental, as instruções que lesse e quaisquer decisões deveriam estar de acordo com o seguinte ideal:

> *Tudo que é verdadeiro, tudo que é respeitável, tudo que é justo, tudo que é puro, tudo que é amável, tudo que é de boa fama, se alguma virtude há e se algum louvor existe, seja isso o que ocupe o vosso pensamento* (Epístola aos Filipenses 4:8).

Romola aceitou essa regra espiritual, que lhe permitiu escolher, para guardar no santuário da mente, só o que é nobre e divino. Tudo que ia de encontro com a regra era positiva e definitivamente rejeitado como impróprio para a casa de Deus, a sua própria mente. Durante cinco ou seis vezes ao dia, meditou a seguinte prece:

> *O que habita o esconderijo do Altíssimo viverá sob a sombra do Todo-Poderoso* (Salmos 91:1). Habito o esconderijo do Altíssimo, que é a minha própria mente. Todos os pensamentos que eu tiver se conformarão com a harmonia, a paz e a boa vontade. Minha mente é uma casa de felicidade, de alegria e de sensação profunda de segurança. Todos os meus pensamentos contribuem para minha alegria, paz e bem-estar geral. Vivo, me movimento e mantenho meu ser na atmosfera de bom companheirismo, amor e unidade.
>
> Todos os que habitam minha mente são filhos de Deus. Na mente, estou em paz com todos os membros de minha família e com toda a humanidade. O mesmo bem que desejo para mim desejo para todos. Vivo agora na casa de Deus. Reivindico para mim paz e felicidade, porque sei que habitarei a casa do Senhor para todo o sempre.

Aos poucos, o conhecimento mental de Romola sobre as ideias de Deus se tornou o conhecimento de seu coração, e a colite crônica desapareceu por completo.

CURADO POR IMAGENS MENTAIS

Em Nova York, fui levado ao apartamento de um homem, chamado Al T., que eu não conhecia e que nunca saía de casa. Não descia à rua, nem mesmo à entrada do prédio. Sempre que pensava em sair, imaginava tudo de trágico que poderia acontecer. Sentia-se tonto e tinha a impressão de que ia desmaiar. Essa condição tem um nome, agorafobia. Esse medo surgira no início de sua juventude. Quando tinha uns 5 anos, saíra de casa e ficara perdido em um bosque durante horas. A recordação desse fato e a ansiedade que sentira continuavam à espreita na mente subconsciente.

Al se libertou ao usar corretamente a imaginação. Por sugestão minha, começou a dedicar 10 minutos, três vezes ao dia, a se imaginar tomando um ônibus, lendo em um parque, visitando lojas, entrando numa biblioteca, fazendo compras ou visitando amigos. Começou a sentir a nova realidade.

Aos poucos, essas imagens construtivas penetraram em camadas cada vez mais profundas do subconsciente e expulsaram o medo ali encravado por tantos anos. Aconteceu, então, que ele imaginou e sentiu como verdade.

O CORAÇÃO AGRADECIDO

Sempre que puder, faça esta prece. Assim, se sentirá mais perto de Deus, e todo alimento que ingerir será transformado em beleza:

Reconheço plenamente a Presença de Deus em mim. Sincera e honestamente, dou graças por todas as bênçãos recebidas. Agradeço por todo o bem que existe em minha vida e vivo com uma sensação de grato júbilo. Meu coração agradecido produz a magia da resposta divina. Todos os dias de minha vida, sou grato pelo conhecimento das leis da mente e dos caminhos do Espírito. Sei que, acima de tudo, o agradecimento é um ato do coração, seguido pelo movimento de meus lábios. Meu coração enobrecido abre o tesouro do Infinito existente em mim e fala de minha fé na realização de tudo o que peço em minhas preces. Sinceramente, dou graças porque encontrei Deus em mim. *Busquei o Senhor e Ele me acolheu; livrou-me de todos os meus temores* (Salmos 34:4). Todos os que possuem um coração grato estão sintonizados com o Infinito e não podem reprimir a alegria que nasce da contemplação de Deus e de Sua Santa Presença. Por tudo, dou graças.

PONTOS IMPORTANTES A RECORDAR

1. A vida mental é o alimento das experiências, condições e eventos do dia a dia.
2. Todas as criaturas vivas acompanham o alimento. A doença, a miséria, a dor e os sofrimentos acompanham as atitudes mentais negativas, porque esse é o alimento que buscam.
3. Você é psicológica e espiritualmente aquilo que ingere. Coma com alegria e dê graças por seu alimento.
4. O alimento para o corpo é importante, mas a dieta mental e espiritual tem ainda mais valor.
5. Mentalmente, você pode transformar todas as impressões negativas que lhe chegam por meio dos cinco sentidos. Comece agora!
6. Você tem um novo corpo a cada 11 meses. Sature a mente com as verdades eternas, e será rejuvenescido e revitalizado.
7. A aceitação intelectual não basta. As verdades que aceita conscientemente precisam conter uma carga emocional e ser sentidas como verdade, e só então serão assimiladas pela mente subconsciente.

8. O conhecimento mental precisa ser incorporado à mente subconsciente (o coração). Assim, o conhecimento passa a ser também do coração, e suas preces serão atendidas.
9. Você se afasta do medo quando focaliza a atenção em tudo que for nobre, verdadeiro, sublime e divino. Quando o medo bater à porta de sua mente, abra-a com a fé em Deus e descobrirá que, do outro lado, não há ninguém.
10. O medo tem origem na imaginação distorcida, deformada. Imagine-se fazendo aquilo que teme, e a morte do medo será certa.
11. O coração grato está sempre próximo de Deus. Seja grato e bendiga o Seu nome.

Lei 9
A grande lei do amor

Se você quer permanecer sadio, vigoroso e forte, tem que compreender que só há um Poder, indivisível, cuja origem é amor. Contra esse poder, nenhuma oposição prevalece. Trata-se do Princípio da Vida, onipotente, que já venceu todas as oposições neste mundo e segue com suas conquistas. Compreenda que você é uno com esse Poder, que é de Deus. Nesse momento, você se encontrará sintonizado com ele, e forças poderosas virão em sua ajuda.

O AMOR TEM SEMPRE UM OBJETO

O amor precisa de um objeto. Amor é apego emocional. Você pode apaixonar-se pela música, a pintura, um grande projeto, uma causa ou um ideal. Pode, ainda, se sentir emocionalmente atraído pelas verdades eternas ou pela ciência e numerosas outras atividades, pessoas ou coisas.

Einstein amava o princípio da física, que lhe revelou seus segredos. É isso o que o amor faz. Astrônomos se apaixonaram pela ciência da astronomia e constantemente nos revelam novos segredos dos céus.

O QUANTO VOCÊ DESEJA SE TORNAR UMA PESSOA DIFERENTE?

Quer abandonar a velha identidade com seus falsos conceitos e ideias enganosas? Está disposto a aceitar novas ideias, imagens e pontos de vista? Você é uma pessoa aberta e receptiva? Se é, precisa renunciar aos ressentimentos, rancores, irritações, medos, ciúmes e ódios. Vamos supor que você queira viajar de Los Angeles para Nova York. O primeiro e indispensável passo seria deixar Los Angeles. De maneira análoga, se quer ser uma nova pessoa, terá, em primeiro lugar, que descartar os medos e ódios, focalizando a atenção nos conceitos de harmonia, saúde, paz, alegria, amor e boa vontade, a fim de desfrutar a alegria de viver.

POR QUE UM ATOR FRACASSOU TRÊS VEZES

Sean R. marcou uma consulta comigo e me disse o seguinte:

– Sou ator. Na próxima semana, vou ter uma oportunidade de abrir caminho para a carreira com a qual sempre sonhei. Mas tenho certeza de que vou fracassar.

– O que o deixa tão convencido disso? – perguntei. – Se lhe deram essa oportunidade, foi por alguma razão, certo?

– Acontece que sou o tipo ideal para esse papel – respondeu ele. – Mas me submeti antes a testes para papéis importantes. Três vezes. Em todas essas ocasiões, tive a sensação de que ia fracassar, e em todas elas o papel foi dado a outra pessoa. A sensação estava correta.

– Essa é uma maneira de interpretar o que aconteceu – respondi. – Outra é compreender que a convicção e a imaginação se concentraram no fracasso. Nada nasce do nada. O fracasso ocorre por muitos motivos; um deles, talvez o mais importante, é a convicção de que é inevitável.

– O senhor está dizendo que fracassei *porque* pensei que ia fracassar? – perguntou Sean. – Eu nunca havia pensado nisso. Mas, agora que o senhor falou, me parece óbvio.

– Se quer deixar que seus talentos floresçam – continuei –, terá que cortar a ligação com o fracasso. Terá que se permitir criar um laço emocional com a uma nova visão de si mesmo, uma visão de sucesso.

A PRECE QUE LEVOU SEAN AO TRIUNFO

Por sugestão minha, Sean, três ou quatro vezes por dia, se fechava no quarto, onde não seria perturbado, acomodava-se confortavelmente numa poltrona e relaxava inteiramente o corpo. A inércia física tornava sua mente mais receptiva às seguintes afirmações:

> Estou inteiramente relaxado e à vontade. Estou concentrado, sereno e calmo. No teste, tenho um desempenho perfeito, majestoso, glorioso. O diretor me parabeniza. Minha mente está em paz.

Sean seguiu essa técnica todos os dias durante uma semana, especialmente à noite, antes de dormir. Ao chegar o momento do teste que tanto temera, representou com perfeição o papel, como se vira fazendo nas afirmações. Foi escolhido, e o filme se transformou no primeiro passo do que veio a se tornar uma carreira vitoriosa.

O AMOR A DEUS E O QUE SIGNIFICA

As palavras *Deus* e *bem* são sinônimos. Quando você, mental e emocionalmente, se torna uno com honestidade, integridade, justiça, boa vontade e felicidade, está amando a Deus, porque está amando o que é bom. Ama a Deus quando se sente fascinado, absorvido e cativado pela grande verdade de que Ele é Único e Indivisível. Amar a Deus é dedicar fidelidade, lealdade e devoção ao Único Poder, recusando-se a reconhecer outro no mundo. Quando você de forma definitiva e integral aceita que Deus realmente é onipotente, da maneira mais prática, literal e comum, então O está amando porque é leal ao Poder Único. De vez em quando, sente-se tranquilamente e pense sobre esta que é a mais vital, fascinante e maior de todas as verdades. Deus é o único poder, e tudo aquilo de que tomamos conhecimento é parte da maneira como Ele se manifesta neste mundo.

AMOR E MEDO NÃO PODEM VIVER SOB O MESMO TETO

Eu estava dando uma série de palestras no Caxton Hall, em Londres, quando fui procurado por uma moça chamada Beatrice W. Ela me contou que concluíra recentemente um curso em uma famosa escola para atores e atrizes. Continuou:

– Ouvi o senhor dizer que amor e medo não podem viver juntos. Adoro o teatro, mas vivo cheia de medo. Tenho medo de não ter valor, de que meu talento seja limitado demais. Devo desperdiçar o tempo de diretores em testes? Há tantos outros mais qualificados do que eu.

– Minha impressão é que você aceitou por completo uma ideia modesta demais sobre si mesma – respondi. – Se eu lhe mostrar um conceito mais nobre, carinhoso e admirável de si mesma, acha que poderia aceitá-lo e adotá-lo? Tal conceito está próximo, à espera de sua atenção e interesse. E sofre, como uma criança órfã, com seu descaso, como *você* sofre também, como um pai que perdeu um filho.

Os olhos de Beatrice se encheram de lágrimas.

– Que triste! – exclamou. – Claro que sim. Eu o aceitarei e amarei. Ele tem um nome?

– Tem sim – respondi. – Seu nome é Eu Superior ou a Presença de Deus em você.

Beatrice passou a meditar no fato de que tinha possibilidades quase ilimitadas de desenvolvimento. Reconheceu a existência em si de poderes que jamais haviam sido liberados. Regular e sistematicamente, começou a afirmar o seguinte:

Por meio do Poder de Deus que flui através de mim posso fazer qualquer coisa. Deus pensa, fala e age através de mim, e sou uma atriz maravilhosa e bem-sucedida. O Infinito é sempre bem-sucedido, e eu sou una com ele. Sou filha de Deus, e o que é verdade sobre Ele é verdade sobre mim. Quando o medo e a preocupação surgirem em minha mente, eu os afastarei com o conhecimento de que o amor de Deus satura minha alma e que Ele está comigo neste instante.

Desde esse dia, a carreira de Beatrice decolou. O poder de Deus lhe despertou a imaginação. Alcançou seus sentimentos, deixando-a fascinada pela ideia de ser uma grande atriz. Esse amor a levou a se tornar una com seu ideal, sem que ela tentasse controlá-lo. O ideal a cativou, e isso é amor. Então, todo o medo desapareceu. Foi engolido pelo amor, porque amor e medo não podem viver sob o mesmo teto.

O AMOR VENCE O CIÚME

Shakespeare escreveu: "Oh, guarda-te do ciúme, do monstro de olhos verdes, que escarnece da carne de que se alimenta." Milton, por sua vez, escreveu: "O ciúme é o inferno do amante ferido." O ciumento envenena seu próprio banquete e em seguida o devora. É um veneno mental, cuja causa é o medo. O ciúme exige dedicação exclusiva e não tolera rivalidade. Além disso, mantém-se suspeitosamente atento à fidelidade do marido, esposa, amante ou amigo. Basicamente, o ciúme tem origem em um sentimento profundo de medo ou desconfiança de outra pessoa, além de culpa e insegurança.

Um jovem chamado Steven P. me contou que sua esposa era insanamente ciumenta.

– Ela vive me acusando de ter amantes – disse ele. – Não posso jurar que jamais me senti atraído por outras mulheres, mas nunca cometi adultério. Joyce, porém, está inteiramente convencida de que tem uma rival.

– O que é que a deixa tão convencida disso, já que está inteiramente errada? – perguntei.

Ele sorriu amargamente.

– Ela tem uma fonte infalível de informação – disse ele. – A Tábua Ouija!

A pedido de Steven, tive uma conversa com a esposa. Expliquei-lhe detalhadamente que o subconsciente é que lhe confirmava as suspeitas e o ressentimento contra o marido. Ela começou a perceber que era a sua mente profunda, por meio de movimentos imperceptíveis dos dedos, que operava o tabuleiro, ou seja, ela estava simplesmente conversando consigo.

Por sorte, Joyce era suficientemente honesta para reconhecer seu erro. Ela e o marido assumiram o compromisso de enviar um ao outro pensamentos de amor, paz e bondade. Essa boa vontade dissolveu as atitudes negativas e trouxe paz onde antes reinavam a discórdia e a suspeita. A explicação foi a cura. Ela aprendeu a confiar no marido, e quando amor e confiança existem, não há ciúme.

O SENHOR CONCEDE RIQUEZAS

O pensador substitui na Bíblia a palavra *Deus* por *lei*, isto é, a lei da mente subconsciente, que multiplica tudo que nela é depositado. Em suma, é a lei impessoal de causa e efeito.

Recentemente, expliquei a um corretor de imóveis chamado Josh B. o significado das palavras: "O Senhor concede riquezas..." Nos dois últimos meses, ele não havia efetuado uma única venda. A razão disso era que vinha dando cada vez mais atenção aos aspectos negativos da situação em que se encontrava. Aos poucos, a conjuntura se tornou cada vez mais séria, e com isso, perdera prestígio com os chefes, a saúde fraquejara, as finanças pioraram, surgira doença na família e, se isso já não bastasse, não conseguia fechar nenhum negócio.

Josh descobriu que era muito mais fascinante, interessante e agradável pensar em sucesso, harmonia, riqueza, paz de espírito, satisfação e melhor serviço aos clientes. Eu lhe dei a seguinte prece, sugerindo que a repetisse em voz alta, tranquila e suavemente, cinco ou seis vezes por dia, até que conseguisse recondicionar a mente para o sucesso e a riqueza:

Acredito no fundo do coração que, posso prever harmonia, saúde, paz, prosperidade e sucesso nos negócios. Destaco neste momento em minha mente os conceitos de paz, harmonia, orientação, sucesso e prosperidade. Tenho certeza e acredito que esses pensamentos crescerão e se manifestarão em minha vida. Sou um lavrador, e aquilo que semeio eu colho. Semeio pensamentos divinos, e essas maravilhosas sementes de sucesso, harmonia, prosperidade, paz e boa vontade me trarão automaticamente uma colheita maravilhosa. De forma regular, alimento e rego essas sementes ao pensar nelas com grande confiança. Sei que minha mente subconsciente é como um banco que multiplica tudo que nele deposito. Farei retiradas dos frutos das sementes maravilhosas que deposito neste momento nele. Torno concretos esses pensamentos lhes sentindo a realidade. Acredito na lei de aumento de meus depósitos, da mesma maneira que as sementes colocadas no solo se multiplicarão trinta, sessenta, cem vezes. Tal como as sementes, meus pensamentos residem na penumbra de minha mente subconsciente e, brotam do chão (tornam-se manifestos) como condições, experiências e fatos. Penso frequentemente nisso, e o Poder de Deus está em meus pensamentos sobre o bem. Deus concede riqueza.

Quando o medo ou as preocupações surgiam em sua mente, Josh imediatamente os combatia, dizendo: "Deus concede riqueza segundo estes pensamentos." Ao fim do mês, ele voltou a ser o que era e tinha mais trabalho do que podia dar conta.

COMO ELA PASSOU NA PROVA

– Suas palestras salvaram minha vida! – disse Agnes H., uma estudante universitária que compareceu a várias das que ministrei sobre os poderes da mente subconsciente. – Eu estava enfrentando o maior pesadelo do calouro, uma prova de três horas de duração que era dificílima. Na véspera da prova, bastava pensar nela que me dava uma tremedeira nos joelhos, tal era o meu medo. Eu simplesmente sabia que ia tirar nota baixa na prova, tinha certeza disso!

– Mas não recebeu – disse-lhe com um sorriso.

Os olhos dela se arregalaram.

– Como foi que o senhor soube? Que coisa mais espantosa! Não, não levei. Tirei mesmo uma nota boa, e a razão disso foi que me lembrei do que o senhor dissera sobre o medo, que era um sinal para eu fazer algo. Resolvi enfrentá-lo, invertendo-o.

– Bom pensamento! – respondi. – Como fez isso?

– Conversei comigo – explicou ela. – Repeti para mim mesma: "O Senhor é meu pastor. Deus não pode ter medo. Deus está aqui, neste momento. Deus é minha paz e minha força. Seu rio de paz flui através de mim. O amor de Deus reside em mim e expulsa o medo. Estou em paz. O equilíbrio e a harmonia de Deus estão aqui e respondo a todas as questões na prova de acordo com o contexto da ordem divina. A Inteligência Infinita me revela tudo o que quero saber." E funcionou!

Ao praticar a lei da substituição, Agnes, com fé em Deus e no bem, superou o medo. Não permaneceu paralisada com intenso medo. Venceu-o e passou na prova com uma excelente nota.

O MEDO NÃO PODE PREJUDICÁ-LO

Medos, preocupações ou pensamentos negativos de qualquer natureza não o prejudicarão, a menos que os cultive por muito tempo e os impregne com uma forte carga emocional. Em condições normais, passarão por você sem lhe causar dano. Potencialmente, no entanto, podem representar perigo, mas apenas se permitir que se manifestem. Não se tornarão reais, a menos que os alimente com uma forte carga emocional. Nesse estágio, você começa a gravá-los na mente subconsciente, e tudo que fica gravado se transforma em realidade.

TORNE-SE UM GIGANTE ESPIRITUAL

O medo é um pensamento agressivo, dominante, que se pavoneia de seu poder e intimida, persegue e obriga você a se submeter a seu domínio cruel. Você talvez tenha medo de encontrar esse malfeitor na mente. Talvez receie os resultados e hesite em enfrentá-lo e destruí-lo.

O medo é uma sombra na mente, mantida pela ignorância e a cegueira espiritual. Quando você o ilumina com a luz da razão e da inteligência, ele não pode suportar a claridade e desaparece.

O estado de sua mente é o senhor de sua vida. É uma insensatez permitir que o monstro ignorante, cego e estúpido do *medo* o empurre de um lado para o outro e dirija os seus atos. Considere-se inteligente demais, sabido demais para que isso aconteça. Sua fé em Deus tem mais poder do que o medo. O medo é o contrário da fé. É um conjunto, alojado na mente, de sombras escuras e sinistras. Em suma, medo é fé na coisa errada. Torne-se um gigante espiritual, recorra à sua confiança em Deus e peça a Ele que lhe conceda força e poder.

Agindo na vida convencido de que "quem está com Deus tem maioria", você descobrirá que está sendo protegido e orientado de todas as maneiras, e assim vencerá inevitavelmente.

PERDIDO NA MATA

Quando tinha 10 anos, perdi-me numa floresta. No início, fiquei apavorado. Em seguida, comecei a dizer que Deus me guiaria e cuidaria de mim. Fui imediatamente tomado pelo impulso irresistível de seguir numa certa direção. Esse ímpeto, ou tendência interior do subconsciente – que segui –, era o correto. Dois dias depois, fui milagrosamente levado para os braços de um grupo de busca. Esse palpite era o estímulo da mente subconsciente, que sabia como sair da mata.

Ao usar a mente subconsciente, lembre-se de que ela raciocina dedutivamente. Vê apenas o objetivo, levando a uma conclusão lógica e sequencial a natureza da premissa formulada pela mente consciente.

NÃO COMBATA O MEDO

Não combata o medo com medo. Em vez disso, enfrente-o com uma declaração categórica da Presença e do Poder de Deus, e ele se tornará impotente. Diga a si mesmo: "O Senhor é a força de minha vida. De quem poderei ter medo?"

Está com medo de alguma doença que se apossou de você? Note que uma ideia errônea pode se gabar, proclamar sua pretensa força e intimidá-lo. Não deixe que pensamentos como esses o intimidem e abatam. Enfrente-os e vença-os agora. Compreenda que as doenças são criadas por sua própria mente e que nunca o atacam de fora.

Você pode mudar a mente ao aceitar que a Presença Curadora Infinita, que criou o seu corpo, cura-o neste momento. Enquanto faz isso consciente e deliberadamente, ocorre uma rearrumação dos padrões de pensamento em seu subsconsciente, e a cura acontece. Sua convicção atual lhe determina o futuro e a vida que levará.

O INIMIGO ESTAVA NA MENTE

– Estou com tanta raiva de Mary que poderia até matá-la! – Essas palavras assustadoras foram ditas por uma jovem chamada Bernadette B., sócia de um grande escritório de advocacia, que me procurou pedindo conselhos. – Ela vive espalhando mentiras a meu respeito. Juro que, em certos dias, só consigo pensar nas maldades que deve estar aprontando contra mim.

– Você quer dizer que Mary controla seus pensamentos? – perguntei.

Bernadette pestanejou e parou por um momento, antes de responder:

– Ah, humm... não exatamente. Mais ou menos.

– Mais do que "mais ou menos", pelo que você diz – observei. – Você está permitindo que essa pessoa a tire do sério, isso porque lhe deu poder sobre você.

Enquanto conversávamos, Bernadette veio a compreender que o problema que a afligia tinha origem em sua própria mente. Mary não era responsável pelo que Bernadette pensava sobre ela. Não. A origem do problema estava nas imagens mentais e nos padrões de pensamento que afligiam Bernadette. Ela permitia que o medo assumisse o controle de sua mente e a intimidasse, perseguisse e assustasse. Ainda assim, todo esse processo era pura criação sua. Era ela, sim, quem criava o próprio inimigo.

Bernadette resolveu destruir o medo com razão espiritual. Saturou a mente com uma verdade simples: "Deus existe, e Sua Presença satura minha alma e governa minha vida." Recusou-se a permitir que Mary lhe provocasse enxaqueca, indigestão, insônia e crises de nervosismo. Compreendeu que o suposto poder da outra mulher estava em sua própria vida mental e que era ela mesma quem determinava a maneira como pensava. Ocorreu-lhe que ninguém mais tinha o poder de perturbá-la ou de lhe roubar a fé e confiança em Deus e em todas as coisas boas.

Bernadette teve uma cura mental completa. Sua prece predileta passou a ser a seguinte:

> Deus, em ação em minha vida, me traz beleza, paz, um lugar divino perfeito para mim e harmonia. Sou filha do Infinito e da Eternidade. Aproximo-me de Deus, meu Pai Celestial. Ele me ama e cuida de mim. Voltando-me para Ele, Ele se volta para mim, o sol se levanta e fogem todas as sombras.

O BÁLSAMO CURATIVO DO AMOR

Leia a prece maravilhosa a seguir, ideal para expulsar o medo. Afirme com frequência essas verdades, e você será envolvido por uma sensação de paz e tranquilidade:

> O amor de Deus flui através de mim neste instante. Estou cercado pela paz de Deus, e tudo está bem. O amor divino me cerca, envolve e abraça. Este amor infinito está gravado em meu coração e escrito em cada célula de meu corpo. Projeto amor em pensamento, palavras e atos. O amor unifica e harmoniza todos os poderes, atributos e qualidades de Deus em mim. O amor significa alegria, paz, bem-aventurança e louvor. Amor é liberdade. Abre as portas da prisão e liberta os cativos. Projeto amor para todos, pois todos representam o amor de Deus. Saúdo neles a Divindade. Acredito que o amor divino me cura agora. O amor é o princípio orientador em mim e traz para minha vida relacionamentos harmoniosos e perfeitos. *Deus é amor, e aquele que permanece no amor permanece em Deus, e Deus, nele.* (1 João 4:16).

PONTOS BÁSICOS A RECORDAR

1. Amor é apego emocional e precisa de um objeto.
2. Se quer realmente banir o medo, tem que se livrar de ciúmes, ódios, irritações e rancores.
3. Mude sua avaliação e suas expectativas em relação a si mesmo. Apaixone-se por seu Eu Superior.
4. O amor a Deus significa que você está mental e emocionalmente ligado àquilo que é adorável, puro, nobre e divino. Você reverencia um só Poder.
5. O amor é fé e lealdade a Deus. O medo é fé no que é errado. O medo é uma sombra na mente. Amor e medo não podem residir sob o mesmo teto.
6. O ciumento vive com medo e se sente inseguro e indigno. Amor e confiança podem expulsar o ciúme.
7. O subconsciente potencializa tudo o que você nele deposita. Deposite amor, fé, confiança, alegria e boa vontade.
8. Quando os joelhos lhe tremerem de medo, vença-o lembrando a si mesmo que Deus não pode ter medo e que você é uno com Deus.
9. O medo não pode feri-lo, a menos que você lhe dê abrigo e o fortaleça com uma carga emocional.
10. O medo é um pensamento que você acolhe na mente e que o intimida e amedronta. Enalteça na mente o amor e a fé em Deus.
11. Quando perdido nas selvas da terra ou na selva mental da confusão e do medo, compreenda que Deus conhece o caminho para a salvação. Ele lhe atenderá o pedido.
12. Não combata o medo com medo. Enfrente-o com uma declaração direta: "Deus é a única Presença e o único Poder, e nada há para temer."
13. Destrua o medo com a razão espiritual.
14. *Aquele que permanece no amor permanece em Deus, e Deus, nele* (1 João 4:16).

Lei 10
A lei positiva do controle emocional

Os antigos gregos diziam: "conhece-te a ti mesmo."* Estudando a si mesmo, você descobre que, aparentemente, é constituído de quatro partes: corpo físico, natureza emocional, intelecto e natureza espiritual.

Você foi posto neste mundo para se disciplinar, de modo que suas naturezas intelectual, emocional e física se tornem perfeitamente alinhadas, controladas e dirigidas pelos caminhos próprios de Deus.

O corpo físico não toma iniciativas, não possui inteligência autoconsciente e tampouco tem vontade por si e em si mesmo. Vive inteiramente sujeito às suas ordens e decisões. Considere-o como um grande disco no qual ficam gravadas as emoções e as ideias em que acredita. Como um disco sobre o qual impressões de todos os tipos podem ser registradas, gravará fielmente todos os conceitos carregados de emoção e nunca se desviará deles. Gravará com igual perfeição uma melodia de amor e beleza ou outra de dor e sofrimento. O ressentimento, o ciúme, o ódio, a raiva e a depressão se manifestam no corpo sob a forma de numerosas doenças. Aprendendo a controlar sua natureza mental e emocional, você se transforma em um canal para o Divino e libera o esplendor aprisionado e escondido no seu íntimo.

Bartlett's, "Inscrição no Oráculo de Delfos", de Plutarco, *Morals*.

TORNANDO-SE EMOCIONALMENTE MADURO

Por um momento, pense no seguinte: mesmo que fosse a pessoa mais rica do mundo, você não conseguiria comprar um corpo sadio. Ainda assim, você pode ficar mais saudável usando as riquezas da mente, tais como pensamentos de paz, harmonia e saúde perfeita.

É absolutamente essencial que controle as suas emoções caso queira se tornar emocional e espiritualmente amadurecido. Só alcançará essa maturidade quando expressar seus sentimentos de forma construtiva e harmoniosa. Se não disciplinar e controlar as emoções, você será considerado emocionalmente imaturo, e não um adulto, mesmo que cronologicamente tenha 50 anos de vida.

DESENVOLVA O CONCEITO
CORRETO DE SI MESMO

O maior de todos os tiranos são as ideias falsas que lhe controlam a mente e o mantêm em servidão. As ideias que tem sobre si mesmo induzem emoções definidas. Psicologicamente falando, elas controlam, para o bem ou para o mal, o curso que você segue pelos caminhos da vida.

Se possui grande ressentimento contra alguém ou guarda um velho rancor, essas emoções o influenciarão negativamente e dirigirão seus atos de maneira muito diferente daquilo que pode honestamente desejar. Embora queira ser bondoso, amigável e cordial, você se comportará de forma maldosa, cínica e amarga. Mesmo que queira ser sadio, bem-sucedido e próspero, descobrirá que tudo na sua vida dá errado.

Aqueles que leem este livro sabem que têm a capacidade de escolher para si mesmos um conceito de paz e boa vontade. Aceite com sinceridade na mente as ideias de paz e amor altruísta e será dirigido, controlado e orientado segundo esses princípios.

COMO ELA VENCEU A DEPRESSÃO

– No ano passado, perdi meu único filho – disse Madeleine T., que me procurou para uma consulta. – Tony tinha apenas 7 anos. Os médicos fizeram tudo que era possível, mas não adiantou.

– Sinto muito – disse-lhe. – Seu marido...

– Eu sou... eu *era*... mãe solteira – respondeu ela. – Desviou o olhar, à beira das lágrimas. – Tony era todo o meu mundo e morreu. Não sei como posso continuar a viver. Tenho enxaquecas constantes, fortíssimas, que me deixam tonta e com dor de estômago. Deixei de dirigir porque minha visão ficou afetada também.

– Como você preenche seu tempo? – perguntei. – Você trabalha?

– Sou enfermeira formada – respondeu ela. – Mas não atuo desde que Tony nasceu. Praticamente, a única coisa que o pai de Tony fez foi tornar possível que eu vivesse de forma muito frugal, sem trabalhar. Pude assim dedicar todo o tempo a criar meu filho. Se eu não tivesse tido aquele tempo com ele...

– Respeito e compreendo sua dor – interrompi-a. – Porém, se agarrar ao sofrimento por tanto tempo em nada beneficiará seu filho e a prejudicará seriamente. Acho que, de alguma forma, você compreende isso. Foi por esse motivo que veio me procurar, certo? Pela esperança, talvez ainda vaga, de que com minha ajuda possa descobrir uma maneira de sair desse terrível vale de sombras em que se sente aprisionada.

– Nunca pensei... – começou Madeleine. – Estou aqui porque minha melhor amiga me disse para vir. Mas fui eu que concordei com a sugestão dela, e assim pude decidir. Isso mesmo, o senhor pode ter razão. Tony ficaria triste em ver o que a morte dele fez comigo. Era um menino tão cheio de vida, tão alegre. Nós nos divertíamos muito juntos, mesmo quando ficou doente demais e não pôde mais se levantar da cama.

Ao fim de nossa conversa, sugeri a Madeleine que fosse a um hospital e oferecesse seus serviços na enfermaria de crianças. Seguindo meu conselho, doando tempo a um hospital local, ela começou a prodigalizar amor aos pequenos doentes, que paparicava, mimava e com quem brincava, distribuindo um amor não mais represado. Mais uma vez, tinha a companhia de pessoas que precisavam dela e começou a expressar o amor por meio de canais construtivos.

Praticou o que em psicologia é denominado de sublimação, ao redirecionar de maneiras divinas a energia estagnada na mente subconsciente. Dessa forma, drenou todo o veneno existente em sua mente mais profunda. Tornou-se uma pessoa alegre, feliz, radiante e livre.

COMO ELA VENCEU O MAU GÊNIO

Antes de uma palestra sobre o poder da mente subconsciente, fui procurado por uma mulher que havia comparecido a outros seminários. Apresentou-se como Marina R. e disse para mim:

– Sempre tive um mau gênio terrível, desde criancinha. Ultimamente... bem! Meus vizinhos são intoleráveis. Tocam música alta até tarde da noite, deixam sem tampa o latão de lixo, que é revirado por animais, e caem na risada quando reclamo de qualquer coisa.

– Você deve achar esse comportamento muito desagradável – observei.

– Isso não é nem a metade do que acho! – disse ela. – Mas descobri uma maneira de resolver a situação sem explodir. Aprendi, escutando suas palestras, que não devo deixar que a raiva e o ódio envenenem minha mente subconsciente.

– E qual foi essa maneira? – perguntei, curioso.

Marina soltou uma risada.

– Tudo depende do tempo que está fazendo – explicou. – Se o dia está bonito, vou cuidar do jardim. Enquanto trabalho, digo em voz alta para mim mesma: "Estou trabalhando no jardim de Deus e plantando Suas ideias." Se o tempo não está lá muito bom, pego um balde, um rolo de toalhas de papel e lavo as janelas. Enquanto faço isso, digo a mim mesma: "Estou purificando minha mente com as águas do amor e da vida." Isso funciona sempre. Não só venço a tentação de me enfurecer, como me coloco num estado mental positivo *e* faço alguns trabalhos maçantes!

ELE TIRAVA FOTOS MENTAIS

Certa vez, enquanto cruzava o Canal da Mancha entre Dover e Calais, tive uma conversa interessante com um rapaz chamado Cyril R., que naquela época estudava o controle da mente em Paris.

– De vez em quando – contou ele –, paro e tiro uma espécie de fotografia mental de meus pensamentos, sensações, estados de ânimo, reações e até do meu tom de voz. Se encontro neles aspectos negativos, digo a mim mesmo: "Essas não são características de Deus. São destrutivas e falsas. Vou me voltar agora mentalmente para Deus, que está em mim, e pensar do ponto de vista da sabedoria, da verdade e da beleza."

Explicou ele que transformara essa técnica em hábito. Quando se zangava, parava e dizia a si mesmo: "Não é o Infinito que está pensando, falando e agindo através de minha pessoa. Agora, penso, falo e me comporto do ponto de vista de Deus e de Seu amor."

Em todas as ocasiões em que sentia vontade de se enraivecer, criticar, ficar deprimido ou irritar-se, pensava em Deus e em Seu amor e paz, e a tentação passava. Isso nada mais é do que disciplina interna e compreensão espiritual.

VOCÊ PODE CONTROLAR AS EMOÇÕES

É fundamental compreender como surgem as emoções. Vamos supor que você esteja descendo a rua e veja uma pessoa que sofre de uma terrível deficiência. Seu coração bate mais rápido, você sente um forte aperto no peito e sabe que está experimentando uma emoção. A mente lhe diz que é pena. Outra pessoa, no entanto, que nunca aprendeu a ter pena de deficientes físicos, pode sentir a mesma emoção e interpretá-la como repugnância.

Não podemos imaginar uma emoção, mas, se trazemos à mente, com a imaginação, um episódio ou evento do passado, logo lembramos a sensação correspondente. O primeiro passo antes de induzir a emoção, portanto, consiste em formular um certo pensamento ou criar uma imagem mental.

A emoção é sempre a manifestação de uma ideia na mente. Se deseja sinceramente dirigi-la e controlá-la, tem que manter o controle de pensamentos e imagens mentais.

Assumindo tal controle, você pode substituir o medo por amor, a má vontade por boa vontade, a tristeza por alegria, e a inquietação pela paz de espírito. No momento em que receber o estímulo de uma emoção negativa, substitua-o pelo estado de espírito de amor e boa vontade. Em vez de ceder ao medo, diga a si mesmo: "Quem está com Deus é maioria." Sature a mente com os conceitos de fé, confiança, paz e amor, e pensamentos negativos não poderão nela penetrar.

O AMOR O LIBERTOU

Enquanto esperava por um voo no Aeroporto John Kennedy, conversei com o major Roger L., oficial da Força Aérea. Ele me contou que acabava de voltar de um serviço ativo patrulhando a zona de exclusão aérea no sul do Iraque. Em todas as missões, sabia que, a qualquer momento, um míssil terra-ar poderia, sem aviso ou tempo para manobra evasiva, atingir e destruir seu avião.

– Você teve medo? – perguntei.

– Em combate, só os tolos é que *não* têm medo – respondeu ele. – Porém, sabia que tinha que vencê-lo, em vez de permitir que me derrotasse. Tinha um aliado poderoso. Continuava a repetir para mim mesmo: "O amor de Deus me cerca e envolve este avião. Seu amor é meu guia e minha direção. Ele me protege e estou em Sua presença."

Essa afirmação se gravou na mente subconsciente de Roger juntamente com o sentimento de amor e fé. O estado de espírito de amor venceu o medo. *O perfeito amor lança fora o medo* (1 João 4:18).

COMO AS EMOÇÕES AFETAM O CORPO

Você já notou o efeito do medo sobre o rosto, os olhos, o coração e outros órgãos? Já percebeu o efeito que geram sobre seu aparelho digestivo as más notícias ou o sofrimento. Observe em seguida a mudança, quando descobre que essas notícias carecem de fundamento.

Todas as emoções negativas são destrutivas e drenam as forças vitais do corpo. Indivíduos que vivem sempre preocupados têm, em geral, problemas de digestão. Se algo muito agradável lhes acontece, a digestão volta ao normal, porque, uma vez restabelecida a circulação correta de energia, não há mais interferência nas secreções gástricas.

A maneira de vencer e disciplinar as emoções, porém, não é nem a repressão nem a supressão. Quando reprimimos uma emoção, a energia se acumula no subconsciente. O mesmo ocorre quando a pressão aumenta numa caldeira: todas as válvulas são fechadas, e é elevado o calor do fogo. No fim, ocorre uma grande explosão.

Atualmente, no campo das doenças psicossomáticas, estudiosos vêm descobrindo que numerosos casos de problemas de saúde, tais como artrite, asma, problemas cardíacos e mesmo fracassos na vida, são resultados de emoções suprimidas ou reprimidas na infância. Essas emoções se erguem como fantasmas para nos assombrar mais tarde. Não obstante, há técnicas que podem livrá-lo delas pelo resto da vida.

AS EMOÇÕES POSITIVAS DA FÉ E DA CONFIANÇA

Há uma maneira espiritual e psicológica de banir as emoções reprimidas que habitam as sombrias galerias da mente. A forma ideal de nos livrarmos delas consiste em praticar a lei da substituição. Com ela, podemos substituir um pensamento negativo por um outro positivo e construtivo. Quando surgem os negativos, não devemos combatê-los, mas, sim, dizer simplesmente a nós mesmos: "Minha fé está em Deus e em tudo o que é bom. O amor de Deus me protege em todos os momentos." Você descobrirá que os pensamentos negativos desaparecem, da mesma forma que a luz afugenta as trevas.

Se está perturbado, ansioso ou preocupado, medite nas palavras dos Salmos e afirme:

O Senhor é meu pastor: nada me faltará (Salmos 23:1).
Não temerei mal nenhum, porque tu estás comigo (Salmos 23:4).
Deus é... socorro bem presente nas tribulações (Salmos 46:1).
O Senhor é minha luz e salvação: de quem terei medo? O Senhor é a fortaleza da minha vida: a quem temerei? (Salmos 27:1).

Meditando nessas grandes verdades, você inevitavelmente gera as emoções positivas da fé e da confiança que neutralizam e destroem toda e qualquer emoção negativa.

VIGIE SUAS REAÇÕES

Conheço Bernard J. há anos, desde o tempo em que fomos vizinhos. Na última vez em que o vi, notei que tinha o rosto mais avermelhado do que o habitual. Perguntei o motivo daquilo.

– Pressão arterial, acho – disse ele. – Estou fazendo tratamento, mas não acho que esteja adiantando muito.

Lembrando-me de fatos passados, perguntei:

– Você ainda escreve todas aquelas cartas aos jornais e assiste a todos aqueles noticiários?

– Claro que sim – replicou ele. – Alguém tem que dar uma dura naqueles idiotas. Acredito sinceramente que o mundo inteiro está ficando cada vez mais estúpido ou, então, a direção da mídia foi assumida por cretinos!

– Você acha que pode haver alguma ligação entre a maneira como você reage a eles e sua pressão arterial alta? – perguntei.

– Oh, oh! – exclamou ele. – Estou vendo que vem um sermão por aí! Não, falando sério, reconheço que não dei tanta atenção quanto devia ao meu crescimento espiritual. Mas vou fazer isso, prometo. Só que, em primeiro lugar, vou ter que endireitar alguns desses imbecis que têm o desplante de se intitularem comentaristas. Além do mais, você tem que reconhecer que geralmente tenho razão.

— E isso importa realmente? — perguntei em tom gentil.
— Você sabe, não faz a mínima diferença se todos esses articulistas e comentaristas estão errados, e você, certo. As emoções negativas que saturam sua mente são destrutivas. Elas o estão privando de vitalidade, saúde e paz de espírito.

Ao fim da conversa, Bernard resolveu que, desse momento em diante, daria a todos os políticos, articulistas, comentaristas, apresentadores e âncoras de programas de entrevistas a liberdade e o direito de dizer e escrever o que quer que pensassem. Concedeu-lhes o direito e a liberdade totais de se expressarem de acordo com os ditames dos seus corações. Chegou também à conclusão de que era perfeitamente razoável supor que eles lhe concederiam o direito e a liberdade completos de redigir artigos e cartas que discordavam por inteiro do que diziam e escreviam. Compreendeu que essa conduta era um sinal de maturidade emocional, e que fora infantil de sua parte ter sentido ressentimento e ódio contra aqueles que discordavam de suas opiniões.

Adotou também a seguinte prece para ajudá-lo nas novas decisões:

> Deste momento em diante, vou pensar certo, sentir certo, agir certo, fazer o certo e ser correto em tudo. Pensarei, falarei, escreverei e reagirei a partir do Centro Divino que há em mim, e não da estrutura superposta de falsas crenças, preconceitos, fanatismo e ignorância. Das profundezas de meu coração, desejo a todos os homens o direito à vida, à liberdade e à busca da felicidade, e sigo a Regra de Ouro e a Lei do Amor.

Ao fim do mês, a pressão arterial de Bernard voltou ao normal. Na consulta seguinte, o médico resolveu suspender a medicação, dada a cura evidente. A nova atitude mudou tudo.

VOCÊ VIVE EM DOIS MUNDOS

Todos nós vivemos em dois mundos – o externo e o interno –, mas que, ainda assim, são um único. Um deles é visível, e o outro, invisível (objetivo e subjetivo). O externo é percebido pelos cinco sentidos, e dele todos compartilham; o interno, de pensamentos, sentimentos, imaginação, sensações, crenças e reações, é invisível e só nosso.

Pergunte a si mesmo: "Em que mundo vivo? No mundo que me é revelado pelos cinco sentidos ou no interno?" É no segundo que você vive o tempo todo, onde sente e sofre.

Vamos supor que foi convidado para um banquete. Tudo que vê, ouve, prova, cheira e toca pertence ao mundo externo. Tudo que pensa, sente, gosta e desgosta pertence ao interno. Você, na verdade, comparece a dois banquetes, que são registrados de formas diferentes: o externo e o interno. É no último, de pensamentos, sentimentos e emoções, que você leva sua existência mais autêntica.

COMO SE TRANSFORMAR

Se você quer crescer espiritualmente, tem que se transformar. Mas como? Você terá que começar a mudar seu mundo interno pela purificação das emoções e pelo ordenamento da mente por meio de pensamentos corretos.

Transformar significa converter uma coisa em outra. São muitas e bem conhecidas as transformações que ocorrem na matéria. Por meio de um processo químico, o açúcar se torna álcool; o rádio, lentamente, se transforma em chumbo. O alimento que comemos é metabolizado, em um estágio após outro, em todas as substâncias necessárias à nossa existência.

As experiências que temos, sob a forma de impressões, têm que ser também transformadas. Vamos supor que você vê uma pessoa que ama e admira. Recebe certas impressões sobre ela. Suponhamos, por outro lado, que se encontra com uma pessoa com quem antipatiza. Recebe também impressões, mas de outro tipo. Seu cônjuge ou filho, sentados no sofá enquanto você lê estas páginas, são aquilo que você concebe que eles são. Em outras palavras, impressões são recebidas pela mente.

Podemos mudar nossas impressões sobre as pessoas. Transformá-las implica nos transformar. Para mudar a vida, temos que modificar nossas reações a ela. Você reage de formas estereotipadas? Se as reações são negativas, você acabará doente, melancólico, mórbido e deprimido. Jamais permita que sua vida seja conduzida por reações negativas às impressões que se formam em você todos os dias.

Se quer realmente se transformar, terá que inverter cada pensamento negativo, declarando a si mesmo que o amor de Deus lhe satura a mente e o coração. Fazendo disso um hábito, você se tornará uma pessoa melhor moral, intelectual e fisicamente. "Aquele que se ergue da prece como uma pessoa melhor tem a prece respondida" (George Meredith, *The Ordeal of Richard Feverel*, 1859).

Você, porém, dispõe de um remédio para todos os males. *Vinde a mim todos os que estais cansados e sobrecarregados, e eu vos aliviarei* (Mateus 11:28).

"Se, nesta vida, queremos desfrutar a paz de Deus, temos que transformar o coração em um templo espiritual, e sempre que descobrirmos que pensamentos e sentimentos se desviam Dele, devemos trazê-los de volta para a contemplação de Sua

Santa Presença" (Irmão Lawrence*). "Os pensamentos do coração são a riqueza do homem" (ditado birmanês).

PRECE PARA CONTROLAR AS EMOÇÕES

O homem paciente é grande em entendimento, mas o de ânimo precipitado exalta a loucura (Provérbios 14:29). Estou sempre equilibrado, sereno e calmo. A paz de Deus inunda minha mente e todo o meu ser. Pratico a Regra de Ouro e desejo sinceramente paz e boa vontade a todos.

Sei que o amor por tudo de bom penetra em minha mente e expulsa todo o medo. Vivo agora na alegre expectativa do melhor. Minha mente está livre de toda preocupação e dúvida. Minhas palavras verdadeiras dissolvem neste instante todos os meus pensamentos e emoções negativos. Perdoo a todos e abro a porta do coração para a Presença de Deus. Todo o meu ser está repleto da luz e do entendimento que emanam de meu interior.

As pequeninas coisas da vida não me irritam mais. Quando o medo, a preocupação e a dúvida batem à minha porta, a fé no bem, na verdade e na beleza a abre e não há mais ninguém do outro lado. Ó Deus, tu és meu Deus, e nenhum outro há.

PONTOS A OBSERVAR

1. Você está neste mundo para disciplinar seus pensamentos, sentimentos e reações à vida.
2. Você se torna emocionalmente maduro quando pensa, fala, age e responde a partir do Centro Divino, ou Ser Divino, que há em você.

The Practice of the Presence of God (1693).

3. O maior de todos os tiranos são as ideias falsas que lhe controlam a mente e o mantêm em servidão. Deve substituí-las imediatamente por um novo conceito de si mesmo.
4. Amor é apego emocional e se volta para fora. Projete amor e boa vontade, e assim você neutralizará todas as emoções negativas guardadas no subconsciente.
5. Você pode transmutar mau gênio em energia construtiva ao lavar as janelas, jogar uma partida de handebol ou trabalhar no jardim.
6. Quando ficar zangado, pare por um momento e afirme: "Vou pensar, falar e agir a partir do ponto de vista da sabedoria, da verdade, da beleza e do amor."
7. Você pode controlar a reação emocional às pessoas identificando-se com a Presença de Deus em cada uma delas. Substitua ódio por amor.
8. A fé em Deus e em todas as coisas boas expulsa o medo.
9. Emoções reprimidas geram todo tipo de doenças físicas. Torne-se um canal para Deus e expresse as emoções de forma divina.
10. Substitua pensamentos negativos por pensamentos positivos, construtivos. As emoções positivas da fé e da confiança neutralizam e destroem todas as emoções negativas.
11. De que modo você reage mental e emocionalmente a eventos, situações e circunstâncias? A reação determina qual será a emoção. Pense certo, sinta certo, comporte-se da maneira certa e faça o que é correto. Ninguém pode perturbá-lo, exceto você mesmo. Pensamento é ação incipiente. Tenha pensamentos divinos, e o poder de Deus estará em seus pensamentos sobre o bem.
12. Você vive em dois mundos: o mundo interno dos pensamentos, sentimentos, imagens, crenças e opiniões; e o objetivo, do qual recebe impressões pelos cinco sentidos. Entretanto, habita, na realidade, o mundo interno dos pensamentos, sentimentos e crenças. O interno controla o externo.

13. A fim de se transformar, você tem que purificar as emoções por meio do pensamento correto. A emoção segue o pensamento.
14. Para mudar a vida, modifique sua reação a ela. Veja Deus nos outros e:

> Aquilo que vês, homem,
> Torna-se aquilo a que te obrigas.
> Se Deus, vês Deus,
> Se pó, vês pó.
>
> (Irmão Angelas)

Lei 11
A lei emocionante da harmonia matrimonial

O casamento é a mais santa de todas as uniões terrenas, e dele devemos participar reverente e religiosamente, com entendimento completo de sua sacralidade. A santidade do casamento e das relações familiares constitui a verdadeira base da sociedade e da civilização.

Para ser completo, o casamento precisa ter base espiritual. A contemplação de ideais divinos, o estudo das leis da vida e a união consciente em pensamento, objetivo, plano e ação trazem felicidade a dois, a união sagrada que torna para ambos a vida externa semelhante à interna: tranquila, alegre e harmoniosa.

O AMOR UNE, O MEDO DIVIDE

Christine V. vivia sempre com medo de que o marido a abandonasse.

– Eu o amo profundamente – disse ela, falando sobre o casamento –, e sei que ele também me ama. Porém, em alguns pontos, não combinamos muito bem. Harry não tem a mínima ideia das leis que regem as mentes consciente e subconsciente. Às vezes, comentando meus interesses espirituais, diz que vivo "com a cabeça nas nuvens". Não é que queira me magoar, mas simplesmente não compreende o significado desses conhecimentos para mim.

– Sua situação não tem nada de incomum – garanti-lhe. – Já a encontrei inúmeras vezes. Mas fale mais um pouco sobre seu medo.

– Reconheço que é um sentimento negativo que tenho que superar – respondeu ela. – Só que nunca compreendi o quanto poderia ser perigoso. Não me dei conta de que, subconscientemente, poderia estar transmitindo-o para Harry. Mas é isso que deve ter acontecido. Ontem, no café da manhã, ele parecia muito nervoso. Perguntei o que havia de errado, e respondeu: "Acho que você quer se livrar de mim. Tive um sonho muito vívido com você na noite passada. Nele, você me dizia: *Vá embora, não quero mais nada com você. Não discuta, simplesmente vá embora!*"

– O que você disse? – perguntei. – O que fez?

– Levantei-me da mesa, abracei-o e disse que tudo aquilo era um absurdo – retrucou ela. – Mas notei que não estava conseguindo convencê-lo. O que devo fazer agora?

– Conte a ele seus medos – sugeri. – Experimente fazê-lo compreender que a mente subconsciente dele está simplesmente dramatizando de forma muito vívida os medos e a ansiedade que *você* projeta sobre ele.

Christine seguiu esse conselho. Após uma longa conversa, o marido compreendeu perfeitamente a situação. Daí em diante, noite após noite, antes de dormir, ela combatia o medo ao imaginar o marido irradiando alegria, sentindo-se feliz, próspero e bem-sucedido. Ela lhe transmitia, várias vezes por dia, o estado de espírito de amor, paz e boa vontade, sentindo e dizendo que ele era um homem bom, generoso, carinhoso e também um enorme sucesso na vida.

Seu estado de espírito se transmutou em outro, de amor e paz. Ela descobriu uma grande verdade: que o amor promove uma unidade indestrutível na vida matrimonial.

A VERDADE O LIBERTOU

Após uma de minhas palestras, a falecida Dra. Hester Brunt, da Cidade do Cabo, África do Sul, me apresentou a um homem que chamei de Edward A. A Dra. Brunt me contou que ele cumprira pena em uma prisão inglesa. Depois de solto, passara a trabalhar no sistema bancário de Joanesburgo, África do Sul, e se casara com uma moça de família importante, com quem tivera filhos maravilhosos. Contudo, vivia com um medo constante. Temia a possibilidade de que a esposa e os filhos descobrissem seu passado, que o caso fosse explorado na imprensa e que ela, como consequência, pedisse imediatamente o divórcio. Tinha medo de que a publicidade desmoralizante arruinasse o futuro dos dois filhos. A preocupação e a ansiedade crônicas de Edward culminaram em uma doença grave que acarretou frequentes acessos de raiva e crises de mau humor dirigidos contra a esposa e os filhos.

Tive a impressão de que havia algo errado nessa história. Segundo a Dra. Brunt, o médico de Edward não conseguia fazê-lo tomar a medicação receitada. Em vista disso, perguntei a Edward:

– O que o está roendo por dentro?

Ele me falou de seu erro na juventude, da resultante pena de prisão e me descreveu o medo que tinha de denúncia, desmoralização e abandono.

– Prefiro morrer a enfrentar uma situação como essa – disse, com a voz cheia de emoção.

Eu, porém, havia recebido informações completas da Dra. Brunt e da esposa de Edward, Joanna.

– Há algo que você não sabe – disse eu. – Seu segredo não é de forma alguma um segredo. Sua esposa, seus filhos, a Dra. Brunt e seus superiores no banco sabem há muito tempo dos erros que você cometeu na juventude.

– O quê! – exclamou ele, empalidecendo. – Não estou entendendo! Como é que podem ter sabido? Por que nunca me disseram nada?

– Sua esposa sabia antes de vocês se casarem – continuei. – Nunca falou nisso porque sabia que você era um homem mudado e não queria reabrir velhas feridas. Para ela, seu passado era um livro fechado.

Logo que compreendeu a verdade, que todas as pessoas que realmente importavam em sua vida lhe conheciam o passado e o amavam pelo que era nesse momento, Edward deixou espantado o médico ao ter uma recuperação quase imediata. O sofrimento e a doença eram consequências de uma imagem mental distorcida. A transformação ocorrida em sua mente resultou em um relacionamento perfeito, harmonioso e pacífico com sua família.

ELE QUERIA O DIVÓRCIO

May S. estava casada há trinta anos. Ela e o marido, Mike, haviam construído juntos um negócio bem-sucedido, além de criar três filhos. Certo dia, não muito tempo depois de o mais moço se formar, Mike disse à esposa que queria se divorciar. Contou que pensava em se casar com uma mulher jovem, não muito mais velha do que o filho mais novo.

May se sentiu arrasada, deprimida e carregada de maus pressentimentos. Não obstante, descobriu também que não tinha que se sentir abatida e desgostosa. Aprendeu a usar os poderes da mente, praticando rigorosamente as técnicas descritas nestas páginas, e encontrou uma fonte espantosa de força, inspiração e coragem.

Vendeu sua parte no negócio e partiu numa viagem há muito tempo planejada, e sempre adiada, à Europa. Frequentemente, dizia a si mesma: "A Inteligência Infinita atrai para mim um homem com quem vou me harmonizar perfeitamente." Enquanto jantava em um restaurante famoso no sul da França, começou a conversar com um homem sentado a uma mesa vizinha, um diplomata que havia se beneficiado de uma aposentadoria prematura. Prosseguindo a conversa, ela achou que aquele homem era ideal para ela. Ele, claramente, estava chegando a uma conclusão semelhante a seu respeito.

Algumas semanas depois, May e o diplomata se casaram em Paris. Todos os três filhos vieram dos Estados Unidos para assistir à cerimônia. May descobriu que o divórcio fora uma espécie de ponte que a levara para uma vida mais rica, satisfatória, nobre e divina. Aprendeu também a enfrentar, com confiança e fé na sabedoria divina do subconsciente, o desafio do desespero e da solidão.

ELA SE CASOU CINCO VEZES

Verona G., uma jovem de 28 anos, me procurou para uma consulta.

– O senhor acredita que já casei cinco vezes?! – começou. – E cada marido foi pior do que o anterior!

Amarga e ressentida, descreveu os cinco casamentos, começando com o garotão com quem se casara logo após concluir os estudos na escola.

– Quer saber de uma coisa? – disse-lhe. – Isso não foi acidental. O ressentimento e a hostilidade foram potencializados em sua mente subconsciente e a levaram não só a atrair homens que tinham afinidade com esses sentimentos negativos, como também a ser por eles atraída. Esse é o motivo de cada um de seus companheiros parecer pior do que o anterior. Era o funcionamento da lei da atração. Semelhante atrai semelhante. Cada qual com seu igual.

Verona ficou calada durante um longo tempo. Finalmente disse:

– Estou compreendendo agora que caí numa terrível armadilha. Mas como posso sair dela?

– A solução é o perdão – respondi. – Você tem que se libertar e também libertar seus antigos maridos. Precisa substituir a atitude de ressentimento por outra de amor e paz. Se puder afirmar sinceramente: "Liberto-o e deixo que se vá, desejando-lhe saúde, riqueza, amor, felicidade, paz e alegria", descobrirá que a maneira como vê o amor e o casamento muda para uma base mais espiritual.

Verona aceitou a sugestão. Compreendeu que as atitudes e motivos que a levaram aos antigos casamentos haviam sido todos errados. Três ou quatro vezes por dia, começou assim a rezar:

Tenho certeza de que, agora, sou una com Deus. Nele, vivo, movo-me e existo. Deus é vida. Esta vida é a de todos os homens e mulheres. Todos nós somos filhos e filhas do Pai único. Tenho certeza e acredito que há um homem à espera para me amar e de mim cuidar. Sei que posso contribuir para sua felicidade e paz. Ele ama meus ideais, e eu, os seus. Ele não quer me mudar, nem eu quero mudá-lo. Há amor, liberdade e respeito mútuo entre nós.

Só há uma mente. Nela, eu agora o conheço. Uno-me neste momento com as qualidades e atributos que admiro e quero manifestos em meu marido. Em minha mente, sou una com eles. Conhecemo-nos e nos amamos na Mente Divina. Vejo Deus nele, e ele vê Deus em mim. Tendo-o conhecido dentro de mim, tenho agora que conhecê-lo no mundo externo, pois esta é a lei da mente.

Essas palavras voam agora e, aonde chegam, realizam o que quero. Sei que agora está feito, terminado e realizado em Deus. Obrigada, Pai.

Algumas semanas depois, Verona precisou extrair um dente de siso. Uma bela amizade se desenvolveu entre ela e o dentista. No fim, ele a pediu em casamento – segundo ela, "algo totalmente inesperado".

– Soube intuitivamente que ele era o homem pelo qual havia rezado. Foi um caso de amor à primeira vista.

Tive a satisfação de oficiar a cerimônia de casamento e vi que era uma autêntica união espiritual de duas pessoas que buscavam o caminho de volta para o coração de Deus.

ELE ENCONTROU SEU IDEAL

Eu estava dirigindo uma série de serviços religiosos em Rochester, Nova York, quando Gilbert M. me procurou, querendo ajuda urgente:

– Estou envolvido em um relacionamento com uma mulher há quase três anos – contou. – Já pedi a ela mais de uma vez que casasse comigo. A última vez foi no mês passado. Ela simplesmente disse: "Talvez, mais tarde." Na noite passada, disse que não queria me ver mais. Não sei por quê, tudo o que sei é que não posso viver sem ela. Estou em desespero!

– Posso ver isso e compreendo a dor que está sentindo – disse-lhe. – Se seu objetivo é um casamento feliz e harmonioso, você tem que orar por isso. Preces *são* atendidas!

Por sugestão minha, começou a rezar todas as manhãs e noites da seguinte maneira, pedindo uma esposa:

Deus é uno e indivisível. Nele, vivemos, movemo-nos e existimos. Tenho certeza e acredito que Deus vive no interior de todas as pessoas. Eu sou uno com Deus e com todos. Neste momento, estou atraindo a mulher certa, que se harmonizará inteiramente comigo. Esta é uma união espiritual, porque é o espírito de Deus agindo por meio da personalidade de alguém com quem me unirei inteiramente. Sei que posso dar amor, luz e verdade a essa mulher. Sei que posso tornar plena, completa e maravilhosa a sua vida.

Neste momento, determino que ela é uma pessoa de natureza espiritual, leal, fiel e verdadeira, além de harmoniosa, tranquila e feliz. Estamos sendo irresistivelmente atraídos um para o outro. Só aquilo que é inerente ao amor, à verdade e ao uno pode entrar em minha vida. Aceito, neste instante, minha companheira ideal.

Todas as manhãs e todas as noites, Gilbert continuou a se unir mental e emocionalmente com essas verdades. Em pouco tempo, absorveu-as e gravou-as na mente subconsciente, que é, afinal de contas, uma manifestação da mente universal. Algumas semanas depois, conheceu uma mulher que havia sido contratada recentemente para a divisão da empresa onde trabalhava. Apaixonou-se por ela, e ela por ele. No fim do ano, casaram-se.

O que aconteceu com a mulher sem a qual ele achava que não poderia viver? Tempos depois, ele descobriu que, durante boa parte do tempo em que ficaram juntos, ela tivera um relacionamento amoroso com outro homem, com o qual acabara casando.

ESSE É O HOMEM QUE EU QUERIA

Rose L., secretária de um escritório de advocacia em Londres, me contou o seguinte em uma entrevista:

– Estou apaixonada por George, meu chefe. Ele é casado e tem quatro filhos, mas não me importo. Ele é o homem da minha vida e será meu, custe o que custar. Quanto à esposa dele, isso é problema dela, certo?

Rose parecia inteiramente disposta a acabar com um casamento para obter o que queria. Expliquei-lhe, porém, que o que ela realmente desejava não era aquele homem casado. Sua vontade mais profunda era ter o que acreditava que ele e a esposa tinham – um relacionamento no qual cada um cuidava do outro, com amor e admiração.

– Há um companheiro – garanti –, alguém que a procura com tanto empenho quanto você a ele, e que lhe chegará sem os obstáculos de um relacionamento com outra pessoa. Você pode atrair esse companheiro, se resolver fazer isso.

– Por que eu deveria fazer? – perguntou ela. – George já está bem à mão. Ele é o homem que eu quero!

– Você talvez consiga conquistá-lo – respondi. – Talvez consiga dobrá-lo para fazer o que você quer. Mas não tem ideia dos problemas e dificuldades que estará criando para si mesma. Vai impregnar o subconsciente com um senso de limitação e culpa. Você conhece o mandamento: *Não cobiçarás a mulher do teu próximo* (Êxodo 20:17). Outro mandamento é ainda mais importante: *Tudo quanto, pois, quereis que os homens vos façam, assim fazei-o vós também a eles* (Mateus 7:12). Essas palavras sintetizam a lei da vida feliz e próspera em todos os sentidos. No egoísmo e na cobiça, essa lei é esquecida.

– Sim, mas... – começou Rose a dizer. Depois, parou, confusa.

Reforcei ainda mais o argumento:

– O que você gostaria que os filhos de George pensassem de você? Como você quer que se sintam a seu respeito? Você não gostaria que a considerassem uma mulher de bons princípios, gentil, séria, honesta, sincera e íntegra? Aplique esse princípio e resolva se ainda quer acabar com a família deles.

Rose, de repente, percebeu as consequências daquilo que estava querendo fazer e prorrompeu em soluços. Quando se acalmou, reconheceu que gostaria de atrair o companheiro ideal sem causar sofrimento ou dor a ninguém. Orou: "Estou agora atraindo um homem maravilhoso, que se harmoniza comigo espiritual, mental e fisicamente. Ele me chega sem obstáculos, no contexto da ordem divina."

Pouco tempo depois, por sugestão minha, começou a frequentar o London Truth Forum [Fórum da Verdade de Londres], no Caxton Hall, em Londres. Em uma das reuniões, conheceu um jovem químico, que reconheceu ser o homem que *realmente* queria. Descobriu, dessa maneira, que há uma lei da mente que transforma em realidade tudo aquilo que ela aceita como verdadeiro.

AMOR É UNIDADE

Por que um marido ou uma esposa trai? Se sente verdadeiro amor e respeito pelo(a) companheiro(a), você não quer outra pessoa. Uma vez encontrado um ideal autêntico, espiritual, no casamento, ele(a) não tem desejo por alguém diferente. Amor é unidade, não dualidade nem multiplicidade.

Aqueles que adotam comportamento promíscuo estão "casando" (unindo-se mental e emocionalmente) com numerosos conceitos negativos, tais como frustração, ressentimento e cinismo. Os que encontraram o amor com um(a) companheiro(a) conquistaram também plenitude de vida. Por conseguinte, se procuram aventuras fora do casamento, com toda a certeza se sentirão frustrados, e jamais terão realmente o amor ideal ou sentimento de unidade com outra pessoa. Ao complexo de inferioridade que têm, acrescentam, sem a menor dúvida, a culpa.

Inevitavelmente, as pessoas com quem estabelecem um relacionamento tampouco sabem o que querem, são neuróticas, confusas. Em suma, elas veem e ouvem suas próprias vibrações interiores. Os parceiros temporários que encontram são pessoas tão frustradas e instáveis como elas. Cada qual com seu igual. Semelhante gera semelhante. Os afins se comunicam.

EVITE O BECO SEM SAÍDA

Vickie Y. veio me consultar trazida por uma irmã mais nova, muito preocupada. Analista de sistemas com 30 e poucos anos, confessou abertamente que estava muito envolvida com um colega de trabalho, um homem casado.

– Temos um relacionamento há quatro anos – disse ela. – Sou muito apegada a ele, e acho que ele também a mim. No início, pensei que ele ia deixar a esposa e casar comigo, mas agora... Não sei. Não parece que isso vá acontecer, não é?

– Certamente que não – concordei – e, do ponto de vista dele, por que deveria? Ele tem a esposa, um lar, *e você*. Por que deveria se satisfazer com menos do que tem agora?

– O senhor faz com que isso pareça tão grosseiro! – exclamou Vickie, com um certo estremecimento. – Afeição não conta?

– A verdadeira afeição é algo grandioso – respondi. – Mas uma verdadeira afeição manteria você na posição em que está? O que você está fazendo acontece o tempo todo, mas geralmente termina em um beco sem saída. Aquilo que você realmente quer, tenho certeza, é um lar, um relacionamento estável, o respeito e a afeição de vizinhos, amigos e filhos. Seu atual relacionamento não lhe traz nada disso. Ao contrário, impede que alcance o que deseja.

Enquanto conversávamos, Vickie compreendeu que a solução de seu problema estava na prece. Imediatamente, rompeu o relacionamento com o colega casado e começou a rezar para atrair o companheiro ideal, mencionado antes neste capítulo.

Dois meses depois, começou a namorar um rapaz que lhe fora apresentado pela irmã. Hoje está casada e feliz, realmente grata por ter descoberto os poderes da mente.

DEVO ME DIVORCIAR?

Com grande frequência, alguém me procura e pergunta: "Devo me divorciar?" Digo que não há resposta a essa pergunta. Trata-se de um problema individual, que não pode ser generalizado. Em alguns casos, o divórcio não resolve, da mesma maneira que o casamento não é necessariamente a solução para uma pessoa solitária.

O divórcio pode ser o indicado para uma pessoa e não para outra. Em algumas situações, para começo de conversa, nunca houve casamento autêntico. Simplesmente porque têm uma certidão e moram na mesma casa, não quer dizer que tenham um lar autêntico. Talvez seja, na verdade, um local de discórdia e ódio. Quando há filhos e os pais se recusam a projetar reciprocamente amor, paz e boa vontade, é melhor dissolver o casamento do que deixar que esse estado de espírito de ódio deforme a mente das crianças. Em muitos casos, a mente e a vida da criança são afetadas permanentemente pelo estado de espírito dos pais, com o resultado de levá-la a neuroses, à delinquência juvenil e ao crime. É muito melhor para elas morar com um único progenitor que as ame do que viver com dois que se odeiam e brigam o tempo todo.

Nos casos em que faltam amor, liberdade e respeito entre marido e mulher, o casamento é uma farsa, porque Deus (Amor) não os uniu. Deus é Amor, e o coração é o santuário da Presença de Deus. Quando dois corações se unem em afeição recíproca, há casamento autêntico, porque o Amor os fundiu em um só.

FAÇA UMA NOVA AVALIAÇÃO DE SI PRÓPRIO

Nós nos rebaixamos quando focamos em nossa incapacidade ou falhas. Transmitimos nossos medos aos companheiros, que não podem deixar de reagir de modo idêntico. Deixam de nos ver como antes, porque tampouco nos vemos da mesma forma. Cada um, portanto, passa a ver o outro como este se vê. Não pode ser diferente.

Aqueles que se sentem merecedores de respeito despertam o mesmo para si. Os que enfrentam as tribulações diárias da vida com uma atitude de sucesso e felicidade unem todos os membros da família. Tornam-se uma influência aglutinadora e estabilizadora. A harmonia e a paz reinam supremas nesse lar. Sua convicção dominante leva os demais a verem o que você vê.

TORNANDO-SE UM BOM MARIDO OU UMA BOA ESPOSA

Quando casou, você certamente deve ter admirado algumas das características, virtudes e qualidades do(a) outro(a). Identifique-se com as boas qualidades e as exalte. Deixe de ser um coveiro(a), desenterrando os defeitos do(a) outro(a). Faça uma lista dos pontos fortes dele(a) e lhes dedique atenção e respeito. Fazendo isso, o casamento vai se tornar mais abençoado e belo com o passar dos anos.

A FÓRMULA BÍBLICA

Portanto, o que Deus [Amor] juntou, não o separe o homem (Mateus 19:6). A fórmula bíblica revela que, para ser real, o casamento tem que ser previamente espiritual, partir do coração. Se o coração de ambos é tocado por amor, sinceridade e honestidade, é Deus que os está juntando. Na verdade, é o casamento feito no céu, que implica harmonia e compreensão. Você sabe e sente que a ação de seu coração é amor, e que Deus é Amor.

Deus, porém, não está presente em *todos* os casamentos. Talvez tenha havido segundas intenções na união. Se um homem casa com uma mulher por dinheiro, posição ou para satisfazer seu ego, o matrimônio é uma impostura, uma mentira. Se a mulher casa por segurança, riqueza, posição, excitação sexual ou para se vingar de alguém, esse casamento não é de Deus, porque Deus, ou a Verdade, não esteve presente. Essas uniões não são autênticas, porque não se baseiam em amor. Honestidade, integridade e respeito é que nascem do amor.

Quando há um casamento real, autêntico, feito nos céus – a união de coração, mente e corpo –, não pode haver divórcio. Nem os cônjuges o querem, porque o que têm é uma união espiritual, de dois corações unidos pelo amor.

PRECE COMUM PARA MARIDO E ESPOSA

Estamos reunidos na Presença de Deus. Só há Um Deus, Uma Vida, Uma Lei, Uma Mente e Um Pai – nosso Pai. Estamos unidos no amor, na harmonia e na paz. Eu me regozijo na paz, na felicidade e no sucesso de meu companheiro. Deus nos guia em todos os momentos. Conversamos um com o outro a partir do Centro Divino que há em nós. As palavras que dizemos um ao outro são como um favo de mel, doce para os ouvidos e benéfico para o corpo. Identificamo-nos com as boas qualidades de nosso(a) companheiro(a) e constantemente as exaltamos.

O Amor de Deus flui através de nós para todos neste lar e no mundo. Acreditamos e temos certeza de que o Poder Onipresente e a Inteligência do Ser Infinito fluem para cada um de nós e por todos os membros de nosso lar, e que somos de forma definitiva, física e mentalmente curados. Sabemos que a ação divina correta está ocorrendo em cada célula, órgão e tecido de cada um de nós, manifestando-se como paz, harmonia e saúde.

Acreditamos que a orientação divina está sendo vivenciada por todos neste lar. Que Deus, o Grande Conselheiro, nos conduza pelos caminhos da paz e da prosperidade.

As palavras que pronunciamos agora realizarão o que queremos e levarão a prosperidade aonde quer que as enviemos. Rejubilamo-nos e sentimos gratidão, sabendo que esta prece de fé está sendo respondida.

FAÇA O SEGUINTE PARA TER UM CASAMENTO FELIZ

1. O casamento é a mais sagrada de todas as uniões terrenas. Deve ser aceito reverente e serenamente, com o entendimento profundo de seu caráter sagrado.
2. O medo constante de um cônjuge pode ser transmitido ao subconsciente do outro e provocar problemas intermináveis.
3. O passado está morto. O que importa é o momento. Mude seu pensamento e conserve a modificação, e assim seu destino será mudado. O sofrimento é fruto de ignorância e de imagens mentais deturpadas.
4. Enfrente o desafio da solidão e do desespero com confiança e fé na sabedoria infinita da mente subconsciente.
5. Você atrai aquilo que está sintonizado com seu estado subconsciente dominante. Perdoe a si mesmo e a todos os demais e, em seguida, ore pedindo um companheiro ideal e mantendo as qualidades que admira em mente.
6. A Inteligência Infinita atrairá para você o marido ou a esposa ideal, se orar confiante de que sua mente mais profunda fará com que seu pedido seja atendido.
7. Você jamais deverá cobiçar a esposa ou o marido de outrem. Peça o que quer, acredite que a Vida atenderá o seu pedido, e terá o que deseja.
8. Amor é união e, se você ama realmente seu marido ou sua esposa, não pode querer outro(a).
9. Numerosos casais que vivem juntos já se divorciaram do amor, da bondade, da paz, da harmonia, da boa vontade e

da compreensão mútua. Um casamento desse tipo é uma farsa, um fingimento. É melhor romper com essa mentira do que continuar a vivê-la.

10. Nós nos rebaixamos quando nos sentimos carentes ou inferiorizados. Nossos companheiros reagem de acordo com esse sentimento.
11. Identifique-se com as boas qualidades e características de seu companheiro, e o casamento se tornará mais abençoado com a passagem dos anos.
12. *Portanto, o que Deus* [Amor] *juntou, não o separe o homem* (Mateus 19:6). Quando o amor une dois corações, não há divórcio, porque o Amor é o nó que ata homem e mulher em um curso interminável de vida, agora e para todo o sempre.

Lei 12
A lei magnífica da paz de espírito

Milhões de pessoas em todo o mundo vivem literalmente doentes de preocupação. Esperam sempre que tudo dê errado. Essa preocupação é causada, principalmente, pela falta de fé em Deus. Passam o tempo remoendo supostos problemas ou se preocupando com fatos que jamais acontecem. Para quem quiser ouvir, contam todas as razões por que coisas más podem acontecer e não dão um único motivo para que ocorram coisas boas. A preocupação constante lhes debilita todo o organismo, produzindo distúrbios físicos e mentais.

ELE SE PREOCUPOU COM O
QUE NÃO ACONTECEU

Em um encontro de uma organização comunitária tive uma conversa com um farmacêutico local, Fred B. Quando lhe perguntei como iam as coisas, ele disse:

– Terríveis. Para ser franco, estou doente de preocupação. Não consigo dormir. Tenho medo de perder a farmácia e também tudo que economizei para minha aposentadoria.

– Os negócios estão tão ruins assim? – perguntei, espantado. – Minha impressão é de que estamos passando por uma época de prosperidade.

– Acho que você poderia dizer isso – respondeu Fred. – Na verdade, minha renda aumentou consideravelmente, mas isso não pode durar. O senhor conhece aquele ditado: "Não há bem que sempre dure..."

– Para dizer a verdade, nunca ouvi esse ditado – retruquei.
– Qual é exatamente o problema com seu negócio, Fred? Você pegou um grande empréstimo para se expandir? Alguma dívida importante venceu?

– Não, nada desse tipo – reconheceu ele. – Nada em especial. Acho que, se examinasse minha contabilidade, você diria que está tudo bem. Mas me preocupo o tempo todo com o que vai acontecer. Tenho certeza de que vou acabar meus dias na miséria, dependendo dos filhos para me sustentar. Fico com o estômago embrulhado só de falar nisso. – Puxou um pacote de comprimidos de antiácidos do bolso e engoliu um.

Os pensamentos negativos incessantes de Fred o estavam privando de vitalidade, entusiasmo e energia. O fato ainda mais perigoso é que ele estava se tornando cada vez mais fraco e menos capaz de enfrentar quaisquer desafios que porventura surgissem. Além do mais, a perspectiva negativa que gravava na mente subconsciente praticamente garantia que esses desafios e dificuldades aconteceriam.

Expliquei-lhe que, se continuasse a se preocupar, atrairia exatamente as situações que estava mentalmente criando. Seu único problema era uma falsa ideia na mente. Havia esquecido, ou talvez nunca tenha aprendido, que poderia controlar seus pensamentos e sua vida. Dei-lhe a seguinte oração para ajudá-lo nos negócios:

> Meus negócios são de Deus. Deus é meu sócio em todas as atividades. Deus está promovendo meus negócios de forma maravilhosa. Afirmo e acredito que todos os que trabalham comigo em minha farmácia são elos espirituais em seu crescimento, boas condições e prosperidade. Sei que isso é verdade, acredito

nisso e me alegro com o sucesso e a felicidade de meus empregados. Resolvo todos os meus problemas ao confiar na Inteligência Infinita que existe em minha mente subconsciente e que sempre me revela as soluções corretas.

Repouso em segurança e em paz. Em volta de mim, há paz, amor e harmonia. Tenho certeza de que todos os meus relacionamentos empresariais estão de acordo com a lei da harmonia. A Inteligência Infinita me revela as melhores maneiras de servir à humanidade. Sei que Deus reside no interior de todos os meus fornecedores e clientes. Trabalho harmoniosamente com os demais para que reinem supremos os objetivos da felicidade, da prosperidade e da paz. Quando preocupações surgem em minha mente, afirmo de imediato: *Não temerei nenhum mal, porque Tu estás comigo* (Salmos 23:4).

Fred começou a reservar 10 ou 15 minutos todas as manhãs, tardes e noites para reiterar essas verdades. Compreendeu que, pela repetição frequente, seria recondicionado a adotar pensamentos construtivos. Quando lhe ocorriam ideias negativas, afirmava imediatamente: "Deus está comigo." Mais tarde, me contou que, certo dia, deve ter repetido "Deus está comigo" centenas de vezes.

Aos poucos, o padrão mental neurótico de preocupações, de que se queixara no princípio e que vinha se repetindo com uma regularidade monótona, se dissipou por completo, e ele se alegrou com sua liberdade em Deus.

ELA CUROU A NEUROSE DE ANSIEDADE

Recebi uma carta de uma mulher chamada Agatha R., em que, entre outras coisas, estava escrito: "Meu marido fica sentado o dia inteiro, sem fazer nada, a não ser beber cerveja. Não trabalha e se lamenta o dia inteiro. Isso me preocupa terrivelmente, e meu médico me disse que estou ficando com neurose de ansiedade. Além de tudo, sofro de asma, problemas na pele e pressão arterial alta. Meu marido está me matando."

Respondi por escrito, dizendo que hoje é fato bem conhecido nos círculos médicos e psicológicos que problemas de pele, asma, alergias, distúrbios cardíacos e diabetes, bem como uma grande variedade de outras doenças, são agravados por ansiedade crônica, que é um outro nome para seu problema. Passei-lhe uma receita espiritual. Sugeri que, várias vezes por dia, abençoasse o marido da seguinte maneira:

> Meu marido é um homem de Deus. Ele é divinamente ativo, próspero, tranquilo e feliz. Está expressando plenamente a pessoa que é, está no seu verdadeiro lugar e tem uma renda maravilhosa. A sobriedade e a paz reinam supremas em sua vida. Visualizo-o agora voltando para casa todas as noites e me dizendo como se sente feliz no novo trabalho. Deixo tudo isso agora para Deus transformar em realidade.

Incluí ainda na carta uma segunda receita que Agatha devia dizer mentalmente seis ou sete vezes por dia, até ser absorvida pelo subconsciente. Devia se imaginar ouvindo o médico dizer que estava perfeitamente sadia, e rezar, repetindo o seguinte:

> As dádivas de Deus são minhas. Uso todos os momentos deste dia para glorificar a Deus. A harmonia, a paz e a abundância Dele são minhas. O amor divino, fluindo de mim, abençoa a todos que se aproximam.

O amor de Deus está me curando. Não temo o mal, porque Ele está comigo. Estou sempre envolvida pelo círculo sagrado do amor e do poder Dele. Declaro, sinto e acredito positivamente que o amor e a vigilância eternos de Deus orientam, curam e cuidam de todos que amo.

Perdoo a todos e sinceramente irradio o amor, a paz e a boa vontade de Deus para todas as pessoas em toda parte. No centro de meu ser há paz. Essa é a paz de Deus. Nesse silêncio, sinto a força, a orientação e o amor de Sua Presença Sagrada. Sou divinamente orientada em meus caminhos. Sou um canal aberto para o amor, a luz, a verdade e a beleza de Deus. Sinto seu rio de paz correndo através de mim. Sei que todos os meus problemas são dissolvidos na Mente de Deus. Os caminhos de Deus são também os meus. As palavras que acabo de pronunciar ecoam aonde vão o que envio. Rejubilo-me e dou graças, sabendo que minhas preces foram atendidas. Assim é.

Não muito tempo depois, recebi um telefonema de Agatha.
– As orações fizeram maravilhas! – exclamou ela. – Estive rezando como o senhor sugeriu e mantendo em mente a imagem de meu marido. O resultado foi que ele se mexeu e arranjou um emprego bom e bem remunerado. Não só isso, deixou também de beber. Todas aquelas manchas na pele que provocavam coceira desapareceram e, na última consulta, o médico disse que minha pressão arterial estava normal. Além disso, não preciso mais tomar remédio para a asma.

Os pensamentos e imagens mentais que essa mulher acumulava eram as causas de sua preocupação crônica. Quando se identificou mental e emocionalmente com as verdades que eu lhe havia ensinado, elas começaram a mergulhar no subconsciente. Ela imaginou ainda situações de saúde e energia para si e vitórias e realizações pessoais para o marido. As imagens foram gravadas de maneira profunda no subconsciente, que as transformou em realidade.

A PREOCUPAÇÃO NADA TINHA A VER COM O PROBLEMA

David W. era um executivo de alto nível de uma empresa em expansão. Procurou-me porque se sentia profundamente preocupado. O executivo-chefe da empresa estava para se aposentar, e David era o candidato natural para sucedê-lo. No entanto, estava convencido de que, antes da reunião seguinte da diretoria, algo iria acontecer para impedir que fosse promovido ao cargo pelo qual trabalhava há tanto tempo. Acrescentou que a preocupação e a ansiedade constantes estavam prestes a lhe provocar um colapso nervoso.

Na conversa, descobri que David vinha se preocupando por um motivo ou outro durante a maior parte da vida. Observei-lhe que, embora ele pensasse que a preocupação era causada pela possibilidade de não ser escolhido, eu achava que a sucessão na empresa era apenas a bola da vez. Ele discordou e se tornou muito veemente a esse respeito. Em consequência, disse-lhe que se imaginasse como executivo-chefe e visualizasse os colegas o cumprimentando pela promoção. Ele seguiu fielmente as instruções e, logo na reunião seguinte da diretoria, foi devidamente escolhido para o cargo.

Cerca de um mês depois, voltou a me procurar, pois continuava preocupado. O médico lhe dissera que estava com a pressão arterial alta. Lembrei-lhe que ele havia antes atribuído sua preocupação ao fato de talvez não ser escolhido para chefe da empresa. Nesse momento em que *era* o próprio, por que não deixara de se preocupar?

– Por causa de um monte de coisas – respondeu. – Os problemas sempre terminam em minha mesa. E se eu não corresponder às expectativas da diretoria? Para não falar daqueles caras de Wall Street. Eles observam cada passo que dou, e na primeira vez que enfrentarmos algum problema, a cotação de nossas ações na Bolsa pode despencar e, com isso, meu cargo também. Posso ficar desempregado daqui a três semanas.

– Acho que seria bom você fazer um exame de consciência – respondi. – Acho que é de dentro de você que surgem essas preocupações. Seu problema real não é o preço das ações da companhia. É o fato de não ter o hábito da oração nem o contato real com o Poder Infinito, do qual poderia tirar força e segurança. Sei que pensa que é perseguido por circunstâncias externas. Na realidade, porém, elas são uma criação exclusivamente sua, e só você pode vencê-las.

– Pois me ensine como – pediu David. – Eu farei tudo que for necessário.

Sugeri que, antes de tudo pela manhã, fizesse esta oração:

Sei que a solução do meu problema está com o Ser Divino que existe em mim. Neste momento, torno-me tranquilo, sereno e relaxado. Estou em paz. Sei que Deus fala em ambientes de paz, e não de confusão. Estou agora sintonizado com o Infinito. Tenho certeza e acredito sem reservas, que a Inteligência Infinita está me trazendo a solução correta. Penso em uma saída para os meus problemas. Estou agora no estado de espírito em que estaria se os problemas tivessem sido resolvidos. Vivo, realmente, com fé e confiança, que é a atitude favorável à solução. Esse é o espírito de Deus agindo em mim. Ele é Onipotente, está se manifestando, e todo o meu ser se alegra com a solução. Estou satisfeito. Vivo com esse sentimento e dou graças por isso.

Sei que Deus tem a solução, porque, com Ele, tudo é possível. Deus é o Espírito Vivo Todo-Poderoso existente em mim. Ele é a fonte de toda a sabedoria e iluminação.

O indicador da presença de Deus em mim é uma sensação de paz e equilíbrio. Neste momento, elimino toda e qualquer sensação de tensão e luta. Confio completamente no poder de Deus. Sei que estão em mim toda a sabedoria e o poder de que necessito para levar uma vida gloriosa e bem-sucedida. Relaxo todo o corpo. Minha fé está na sabedoria de Deus. Estou livre. Proclamo e sinto a paz de Deus inundando minha mente, meu coração, todo o meu ser. Tenho certeza de que a mente tranquila resolve meus problemas. Transfiro agora meu pedido à Presença Divina, sabendo que ela tem a solução. Estou em paz.

David repetiu a oração três vezes, todas as manhãs, sabendo que, fruto da repetição, essas verdades mergulhariam em seu subconsciente e formariam o hábito curativo e sadio do pensamento construtivo. Compreendeu também que, nesse momento, estava ancorado no Poder Divino nele existente e no qual vivia, movimentava-se e existia. O sentimento de união com Deus lhe concedeu a confiança de que necessitava para superar todos os obstáculos com os quais havia erroneamente se preocupado. Graças a essa mudança na atitude mental, se tornou um homem equilibrado.

COMO ELA CONSEGUIU SAIR DO CICLO DE PREOCUPAÇÕES

Virginia L. me procurou porque estava preocupada com Ricky, o filho de 10 anos.

– Todos os dias, quando vai para a escola, fico convencida de que vai ser atropelado ou sequestrado. E o que dizer de doenças? Nesses dias, há tantas terríveis. Simplesmente não consigo deixar de me preocupar.

– Não seria muito mais interessante, agradável e emocionante abençoar seu filho, em vez de jogar nele, todos os dias, esses tijolos mentais? – perguntei. Sugeri que abrisse a mente, deixasse entrar o Poder Superior e compreendesse que Deus amava seu filho, zelava por ele, o protegia o tempo todo e o cercava, abraçava e envolvia.

Praticando abençoar o filho, Virginia expulsou de si a atmosfera doentia da preocupação e do sofrimento. Desenvolveu o hábito da oração, pois orar é um costume.

As preocupações, inquietações e pensamentos mórbidos sobre o filho eram ocasionados, em última análise, por indolência e indiferença. Ela permitia que esses quadros destrutivos lhe influenciassem os pensamentos e emoções. Você pode se curar, como ela se curou, seguindo o conselho da Bíblia: *Elevo os olhos para os montes, de onde virá meu socorro* (Salmos 121:1). Faça isso regularmente, e será libertado do tormento da preocupação.

VOCÊ NÃO QUER ISSO

Quando você se preocupa, focaliza as energias e dirige a mente para aquilo que *não* quer. Dessa maneira, cria condições, experiências e acontecimentos que o perturbam. A preocupação significa que você está usando de forma negativa e destrutiva a sua mente.

A PREOCUPAÇÃO AFETA TODAS AS GLÂNDULAS E ÓRGÃOS DO CORPO

O Dr. Hans Selye, da University of Montreal, foi um dos primeiros cientistas a demonstrar os efeitos destrutivos de preocupações, medo e ansiedade sobre o sistema imunológico, o sistema de defesa do corpo.

Quando se está sob estresse mental, as glândulas suprarrenais tentam corrigir a situação, aumentando a produção de hormônios importantes. Se o estresse continua durante um longo período, essas glândulas vitais se esgotam. No fim, a resistência cede, e você corre o risco de doença e até de morte. O estresse, a curto prazo, é uma reação de adaptação. Persistindo, compromete-lhe a saúde e o bem-estar. É como ter que fugir de um leão ou se deparar com um crocodilo. Mobilizar todos os recursos do corpo faz sentido nessas horas. Se o corpo, porém, permanece mobilizado durante um período mais longo, acontece o mesmo que com um país que entrou em alerta de guerra. A rotina comum da vida sofre um curto-circuito.

O trabalho do Dr. Selye demonstrou que o sistema de defesa do corpo só pode lutar contra uma única agressão de cada vez. Como reação à tensão mental ocasionada pela dor de um membro fraturado, por exemplo, ele põe em ação e rapidamente organiza centenas de atividades especializadas, além do trabalho geral para reparar o dano da fratura. Se, porém, no meio desse trabalho de conserto, outro estresse surgir – causado por medo, digamos –, sucumbimos rapidamente ao primeiro dano ou choque dele resultante, ou então o osso fraturado não vai se consolidar corretamente. No caso de outras enfermidades, a cura é suspensa e as doenças se tornam crônicas. Se o sistema de defesa, portanto, é mobilizado por tensões mentais de origem não física, a resistência ao estresse extra imposto por doenças, como pneumonia, gripe e outras enfermidades infecciosas e sistêmicas, é reduzida na mesma proporção.

ELE ELEVOU A MIRA

Um jovem estudante de medicina se preocupava constantemente com o futuro. Tinha os nervos em frangalhos. Aprendeu, contudo, a criar uma imagem mental de si mesmo exercendo um cargo importante em um grande hospital e sendo citado por sua perícia em um artigo sobre a profissão médica.

Conservava sempre viva na mente essa imagem. Empenhava-se na visualização. Sempre que começava a se preocupar, voltava toda a atenção para a imagem de seus objetivos se transformando em realidade. Passando-se as semanas, um poder mais alto veio em sua ajuda, recompensando-lhe os sonhos e os transformando em realidade. O cirurgião-chefe, impressionado com a perícia e os conhecimentos do estudante, o convidou para ser seu assistente. Mais tarde, o mesmo cirurgião citou seu nome para um jornalista, como um dos jovens médicos mais promissores do hospital. Resultado: o estudante foi entrevistado pelo jornalista, que acompanhou suas atividades durante um dia e usou uma de suas fotos no artigo que escreveu.

É dessa maneira que mudamos o hábito da preocupação. É dessa maneira que a velha pessoa se torna uma nova pessoa em Deus.

Confia os teus cuidados ao Senhor, e Ele te susterá (Salmos 55:22).

VOCÊ PODE SUPERAR A PREOCUPAÇÃO

Não gaste seu tempo pensando em dificuldades e problemas. Acabe com todos os pensamentos negativos. A mente não pode funcionar harmoniosamente quando está tensa. Por isso, ela alivia a tensão para pôr em prática algo tranquilizante e agradável quando lhe surge um problema. Não *lute* com o problema. *Supere-o*.

A fim de aliviar a pressão, saia de carro, dê um passeio a pé, jogue paciência ou leia um dos capítulos de que mais gosta na Bíblia, como o Capítulo 11 da Epístola aos Hebreus ou o Capítulo 13 da Epístola 1 aos Coríntios. Ou leia o Salmo 46 com todo o cuidado e várias vezes. Uma calma interior nascerá em você, e você se tornará equilibrado e sereno.

PASSOS NA PRECE PARA VENCER AS PREOCUPAÇÕES

O Primeiro Passo

Todas as manhãs, ao acordar, volte-se para Deus em oração e reconheça que Ele é seu pai carinhoso. Relaxe o corpo e inicie um diálogo com Ele, que é também seu Eu Superior. Torne-se uma criancinha, o que significa que confia inteiramente na Presença Divina e que sabe que Deus o está curando.

O Segundo Passo

Afirme amorosamente: "Obrigado, Pai, por este dia maravilhoso. É um dia de Deus, pleno de alegria, paz, felicidade e sucesso para mim. Repleto de esperança, aguardo o que vai acontecer nele. A sabedoria e a inspiração de Deus me guiarão durante todo o dia. Deus está ao meu lado. Tudo o que eu fizer acontecerá de maneira maravilhosa. Acredito que Deus está me guiando, e Seu amor satura minha alma."

O Terceiro Passo

Diga tranquilamente: "Sinto-me pleno de confiança na bondade de Deus. Sei que Ele zela por mim em todos os momentos. Relaxo, estou equilibrado, sereno e calmo. Sei que Deus está em mim e no que faço em todas as fases de minha vida, e que a lei e a ordem divinas reinam supremas."

Crie o hábito de dar esses três passos preliminares à oração. Quando preocupações surgirem na sua mente, substitua-as por qualquer um dos pensamentos espirituais contidos nesses passos. Aos poucos, sua mente ficará condicionada para a paz.

INDICAÇÕES DE PODER

1. Quando você se preocupa, pensa longamente em um grande número de problemas que nunca acontecerão e se esvazia de vitalidade, entusiasmo e energia.
2. Quando se preocupa, fica ansioso não sobre o que *aconteceu*, mas com o que *poderia* acontecer. Modifique a atual maneira de pensar e mudará seu futuro. O futuro são seus pensamentos atuais transformados em realidade.
3. Se alimentar o hábito da preocupação, poderá atrair aquilo com que se preocupa.
4. Quando pensamentos mórbidos, negativos, surgirem em sua mente, supere-os, afirmando: "Deus está comigo." Essa atitude destrói o pensamento negativo.
5. Se está preocupado com pessoas muito queridas, imagine-as como desejaria que estivessem. A ocupação frequente da mente com essa imagem realiza maravilhas.
6. Pessoas que estão sempre preocupadas acabam não sentindo os problemas que realmente as afligem. A razão básica dessa atitude é uma sensação profunda de insegurança, porque elas não se uniram a Deus.
7. Não se preocupe com seu filho na escola. Acredite na Presença de Deus onde quer que ele esteja e, mentalmente, o envolva com o amor, a paz e a alegria de Deus. Saiba que toda a couraça de Deus envolve seu filho e que ele será sempre protegido de todo o mal.
8. Quando você se preocupa, está na verdade orando por aquilo que não quer.

9. Una-se a um Poder Superior e deixe que o Todo-Poderoso atue por meio de seu novo padrão construtivo de pensamentos e imagens mentais, e em seguida, a Luz de Deus expulsará a tristeza, a preocupação e o desespero. Deixe a luz solar de Seu amor entrar.

Lei 13
A lei da prosperidade automática e sempre renovada

Frequentemente, ouço a seguinte pergunta: "Como é que posso progredir na vida, melhorar as condições em que vivo, receber melhores salários, comprar carro novo e casa nova, dar educação superior a meus filhos e ter o dinheiro de que necessito para fazer o que tenho de fazer e quando quero fazer?"

A resposta a essas perguntas implica aprender a usar as leis da própria mente: a lei de causa e efeito, a lei do aumento e a lei da atração, pois funcionam com a mesma precisão e exatidão que as leis da física, da química e da matemática, de maneira tão inevitável quanto a lei da gravidade. A lei da prosperidade, aliás, é expressa de forma perfeita na Bíblia:

Seu prazer está na lei do Senhor, e na Sua lei medita de dia e de noite (Salmos 1:2).

Obter prosperidade significa aumentar nossa capacidade e habilidade em todos os campos e direções, de forma a libertar nossos poderes interiores. A promoção na empresa, o dinheiro e os contatos que você quer estabelecer são imagens ou representações, bem como as formas físicas, dos estados de mente que as produzem.

COMO UM CORRETOR PROSPEROU

Randolph T., corretor de ações de Los Angeles, é meu conhecido de longa data. Ele atribui sua numerosa clientela e sucesso em fazer com que ela tenha lucro ao costume de se entregar a uma conversa mental, imaginária, com alguém do meio. Todas as manhãs, antes de ir para o escritório, visualiza uma conversa com um banqueiro e grande investidor. Esse amigo multimilionário o cumprimenta pela capacidade de julgamento aguda e apurada e por orientar os clientes para as melhores opções do mercado de ações. Randolph acrescenta toques dramáticos à conversa imaginária e, psicologicamente, fixa essa impressão no subconsciente.

A conversa imaginária é compatível com seu objetivo de fazer investimentos sólidos não só para si, como para seus clientes. Disse-me que sua principal meta é proporcionar os meios para que seus investidores possam prosperar graças a seus prudentes conselhos. Ao proceder desse modo, foi além de seus sonhos mais ambiciosos. É mais do que evidente que ele usa forma construtiva as leis da mente e que se deleita na lei do Senhor.

COMO O SUBCONSCIENTE PAGOU A HIPOTECA

Quando me procurou, Vernon K. estava em pânico:

– Estou numa encrenca terrível – disse. – Comprei ações especulativas na margem. Durante uns dois anos tive o maior sucesso. Todos os papéis que comprava subiam de preço. Por causa disso, dando como garantia esses títulos, tomei empréstimos e comprei ainda mais. Em certo momento, minhas ações valiam mais de 1 milhão de dólares. Eu me achava o máximo.

– Acho que posso imaginar o que aconteceu em seguida – disse-lhe.

– Eu não ficaria surpreso – retrucou Vernon. – Descobri a lei da gravidade, foi isso. O que sobe tem que descer. Em poucos dias, várias de minhas ações favoritas caíram de 30 a 40 por cento de valor. Em vista disso, fiz o que sempre faço, comprei na baixa. Com dinheiro de empréstimos, devo dizer. Só que os preços continuaram a cair. Logo depois, meu corretor me aconselhou a comprar na margem. Para permanecer no jogo, tive que pegar mais dinheiro emprestado, dando como garantia o carro e a casa.

– Um jogo muito perigoso, devo dizer – observei.

– Nem me fale! – exclamou Vernon, rolando os olhos para o alto. – Mas vou resumir a história. Se eu não conseguir mais 30 mil dólares até segunda-feira pela manhã, meu corretor acaba comigo. Perco tudo o que tenho e ainda fico endividado até as orelhas. Você é meu último recurso, minha única esperança. Pode fazer algo para me ajudar?

– Não – respondi. Porém, antes que ele pudesse reagir a essa palavra, acrescentei –, mas você pode. Se usar de maneira correta sua mente subconsciente, ela lhe dará o dinheiro de que necessita.

– Como? Por favor, diga – implorou ele.

– Você não tem que perguntar como, quando ou onde – respondi. – Não se preocupe com a origem do dinheiro. O subconsciente tem recursos que desconhecemos e jamais poderemos entender.

Por sugestão minha, Vernon, naquela noite, se imaginou entrando no escritório do corretor e lhe entregando a soma necessária. Visualizou o corretor dizendo: "Você deu a volta por cima. Que bom! Acho que suas ações bateram no fundo do poço e agora vão voltar a subir."

Vernon concentrou todas as energias nesse quadro mental, fazendo-o parecer real e natural. Quanto mais empenhava a mente na ação imaginária, com mais eficácia esse ato era depositado no banco do subconsciente. Tornou a situação tão real e verdadeira que ela teria que ocorrer.

Dias depois, Vernon contou o que acontecera em seguida. Na mesma noite, teve um sonho vívido com um cavalo que vencia uma corrida na Hollywood Race Track. Soube, pelo sonho, que o cavalo, um azarão, pagava uma pule de 60 por 1.

Imaginou em seguida que o caixa na bilheteria do hipódromo contava 30 mil dólares em notas e lhe dizia: "Parabéns pela aposta, senhor." Logo em seguida, acordou com todos os detalhes do sonho nítidos em sua mente. Acordou a esposa e lhe contou o sonho. Ela respondeu: "Eu tenho escondidas cinco notas de 100 dólares, que guardei para uma eventualidade. Agora elas vão trazer uma chuva de bênçãos para nós. Vá ao jóquei e aposte no cavalo!"

O cavalo de Vernon pagou uma pule de 60 por 1, exatamente como se passara no sonho. Ao receber o dinheiro, o caixa repetiu exatamente as palavras que previra. Vernon seguiu direto dali para o escritório do corretor e liquidou a dívida contraída, exatamente como visualizara tão vívida e concretamente.

Eu, o Senhor, em visão a ele me faço conhecer, ou falo com ele em sonhos (Números 12:6).

A MAGIA DO PROGRESSO

"Sou criadora, desempregada, de sites na Web", escreveu-me Valerie A. "Sou também mãe solteira de uma criança de 4 anos, e só vou ter auxílio-desemprego por mais algumas semanas. O que faço se meu filho adoecer? O que faço?"

Minha resposta foi que começasse a agradecer as graças abundantes que lhe eram concedidas por Deus. Várias vezes por dia, relaxava em uma poltrona e entrava em um estado de torpor, semelhante ao sono. Em seguida, condensava o que pensava sobre suas necessidades nestas maravilhosas palavras mágicas, geradoras de progresso: "Deus multiplica extraordinariamente o que é bom para mim." Ela então compreendeu que tudo a que desse atenção seria ampliado e multiplicado muitas vezes pelo seu subconsciente. O significado dessas palavras para ela implicava a concretização de todos os seus desejos, incluindo poder pagar suas contas, encontrar um novo e bem remunerado emprego em sua especialidade e ter dinheiro suficiente para se livrar de vez de suas preocupações.

Durante a oração, controlava a mente para que não vagueasse, focalizando-a no significado das palavras: "Deus multiplica extraordinariamente o que é bom para mim." Repetiu sem cessar essa frase, até que ela lhe deu a sensação de uma situação real.

A ideia de usar dessa maneira uma frase simples se baseia no conhecimento de como operam as leis da mente. Quando limitamos a atenção a uma única frase, a mente é impedida de vaguear. Ideias são transmitidas ao subconsciente por repetição, fé e expectativa de bons resultados.

O uso disciplinado da visualização por Valerie lhe trouxe resultados extraordinários. Três semanas depois, recebeu o telefonema de um advogado. Uma companhia para a qual ela trabalhara dois anos antes era detentora de patentes sobre um processo industrial que acabara de ser considerado muito valioso. As ações da empresa que ela possuía e que julgara não passarem de simples papel valiam nesse momento quase 50 mil dólares. Valerie vendeu essas ações, pagou todas as dívidas e usou o restante para fundar uma firma de consultoria em sociedade com um colega do seu último emprego. Mais tarde, me disse que se sentia profundamente feliz.

Não podemos realmente saber como funciona o subconsciente. Porém, ele se multiplica por trinta, sessenta, cem. Esta é a magia da prosperidade.

"OBRIGADO" ABRE O CAMINHO
PARA A PROSPERIDADE

É espantoso como a atitude de gratidão melhora todas as esferas de nossa vida, nossa saúde e felicidade, além de nos aumentar a prosperidade.

Rick W., um corretor imobiliário que conheço, provou esse fato de forma maravilhosa. Ele vinha enfrentando grandes dificuldades para vender casas e propriedades. Sentia-se frustrado e infeliz. Convencido do poder do coração agradecido de gerar prosperidade, porém, começou a orar todas as noites, afirmando o seguinte: "Pai, eu te agradeço por teres me ouvido, e sei que me ouvirás sempre." Em seguida, antes de pegar no sono, condensava a frase em uma única palavra: *Obrigado*. Repetia-a sem cessar, como se fosse uma cantiga de ninar. Continuava a repeti-la até adormecer.

Certa manhã, entrou em seu escritório uma mulher que tinha certeza de conhecer. Rick se orgulhava de sua memória para rostos e nomes, mas quando ela se apresentou, o nome nada lhe disse. Nesse momento, lembrou-se de que a vira em um sonho, uma ou duas noites antes. Enquanto ainda pensava nesse fato espantoso, a mulher disse que representava um consórcio que estava investindo pesadamente em propriedades para alugar. Ao fim do dia, Rick havia vendido mais propriedades do que em todo o mês anterior.

Desde esse acontecimento milagroso, Rick criou o hábito de, convictamente, repetir a palavra *Obrigado* todas as noites, até dormir. Sua saúde melhorou de forma notável, ele está cada vez mais próspero e, em sonhos, assiste a uma espécie de pré-estreia de algumas vendas que, mais tarde, se transformam em realidade.

Você pode seguir seu exemplo. Em silêncio, todas as manhãs e à noite, diga que Deus está lhe trazendo o bem para a mente, o corpo e os negócios. Sinta a realidade disso, e nada lhe faltará. Repita, uma vez após a outra, como se estivesse entoando uma canção de ninar, *Obrigado, Pai*, enquanto se prepara para dormir. Isso significa que está agradecendo a seu Eu Superior pela abundância, saúde, riqueza e harmonia. Pode acontecer também que o Senhor (sua mente subconsciente) possa lhe responder em uma visão ou lhe falar em um sonho.

VIDA É SOMA

Martin P., um amigo que trabalha no ramo da construção civil, tem um lema: "Tudo que faço é somar. Jamais subtraio." Com isso, ele quer dizer que a prosperidade é um sinal de adição. Adicione crescimento, riqueza, poder, conhecimentos, fé e sabedoria à sua existência.

Martin ainda soma mais coisas positivas na vida, meditando sobre sucesso, harmonia, orientação, ação correta e a lei da opulência. Imagina-se e se sente bem-sucedido e próspero, e a mente subconsciente transforma em realidade seus pensamentos.

O subconsciente aumenta sempre o que depositamos nele. Ou como diz a Bíblia:

Se projetas alguma coisa, ela te sairá bem (Jó 22:28).

ELA VOLTOU A VENDER

Recentemente, Betty W. completou seu terceiro ano de trabalho em uma grande companhia de seguros. Está cada vez mais decidida a fazer carreira nesse campo, embora ache difícil enfrentar as condições do dia a dia. Ou, como disse, ao me descrever o problema: "Sei que estou prestando um serviço aos clientes quando faço com que reexaminem sua cobertura de seguro. Não se trata apenas da questão de lhes vender mais uma apólice. No entanto, se dou cem telefonemas, tenho sorte se cinco se mostram mais ou menos receptivos e um deles realmente fecha o negócio. É difícil viver com esse tipo de desencorajamento."

Marquei sessões com Betty, uma vez por semana. Nessas ocasiões, pedia-lhe que relaxasse o corpo e a mente e se soltasse. Em seguida, orava por ela da seguinte forma:

Você está relaxada e à vontade, equilibrada, serena e calma. Dia e noite melhoram suas condições espirituais, mentais e financeiras. Você é muito bem-sucedida. É uma pessoa aberta e receptiva a novas ideias. O que é bom para você lhe chega sem obstáculos, de uma maneira alegre, constante e interminável. A lei da prosperidade está trabalhando por você.

Em seguida, ela orava da mesma maneira durante 5 minutos, dizendo a prece na primeira pessoa. Essas reuniões trouxeram resultados maravilhosos. Dentro de semanas, ela começou a fazer novos contatos, e suas vendas aumentaram rapidamente. Ela descobriu que modificar a atitude muda tudo na vida.

O SUBCONSCIENTE O TRANSFORMOU EM MILIONÁRIO

Você quer que lhe mostre como, definitiva e positivamente, pode implantar uma ideia ou imagem em sua mente subconsciente?

A mente consciente é pessoal e seletiva. Escolhe, analisa, disseca e investiga. É capaz de raciocínio indutivo e dedutivo. A mente subjetiva, ou subconsciente, se subordina à consciente. Podemos chamá-la de serva da mente consciente. Ela obedece às ordens de seu senhor. Pensamentos focalizados e dirigidos chegam ao nível subjetivo. Para isso, precisam ter uma certa intensidade, que é adquirida pela concentração.

Ray M. conseguiu se formar vendendo sanduíches tarde da noite em dormitórios da universidade. Sabia já nessa época o que queria: uma cadeia de restaurantes que trouxesse lucros e benefícios para si, seus gerentes e empregados, além das comunidades onde se localizassem. Fez cursos por correspondência de gestão de negócios e nutrição. Ao se formar, possuía economias suficientes para abrir o primeiro restaurante. Enquanto ainda lutava com o primeiro empreendimento, caiu-lhe nas mãos um exemplar de *O poder do subconsciente*, um livro de minha autoria que tinha muito ver com a suas ambições e lhe oferecia ainda maneiras práticas de transformá-las em realidades.

Ray adotou a técnica de impregnar a mente subconsciente mediante concentração na oferta pública inicial de ações. Concentrar-se implica voltar ao centro de si mesmo e pensar nas riquezas infinitas da mente subconsciente. Todas as noites, interrompia as atividades da mente e entrava em um estado mental tranquilo e relaxado. Reunia todos os pensamentos e concentrava toda a atenção em ver as ações de sua cadeia de restaurante listadas nas páginas de economia financeira dos jornais. Focava completamente nessa imagem mental, produzindo uma impressão profunda e duradoura na placa sensível da mente subconsciente.

Ele repetia a cena todas as noites. Algumas semanas depois, uma cliente do restaurante o procurou após o jantar. Era uma antiga estudante que se lembrava de ter comprado seus sanduíches no tempo em que estudava até tarde da noite. Nessa época, ela era uma analista de ações muito respeitada na corretora mais importante da cidade. Na conversa, ficou claro que ela não só gostava da cozinha e do conceito do restaurante de Ray, mas lhe admirava também a ambição, a dedicação ao trabalho, o entusiasmo e os sonhos de uma carreira vitoriosa.

Uma coisa levou à outra, e dois anos depois, se casaram. Ray levantou dinheiro com duas empresas de capital de risco, com o objetivo de se expandir para outros locais. A transformação da empresa em sociedade anônima e o oferecimento de suas ações na Bolsa logo se seguiram, e hoje ele tem o prazer de pegar o jornal e ver sua empresa listada nas páginas econômicas.

PRECE POR PROSPERIDADE

Então farás prosperar o teu caminho e serás bem-sucedido (Josué 1:8). Neste momento, ofereço um modelo de sucesso e prosperidade à mente mais profunda dentro de mim, e que é a lei. Identifico-me agora com a Fonte Infinita de provisão. Escuto a voz silenciosa discreta, de Deus em mim. Essa voz interior orienta, guia e governa todas as minhas atividades. Sou uno com a prosperidade de Deus. Tenho certeza e acredito que há novas e melhores maneiras de gerir meus negócios, e a Inteligência Infinita as revela para mim.

Estou crescendo em sabedoria e entendimento. Meu negócio é também de Deus. A prosperidade me chega divinamente, de todas as maneiras. A Sabedoria Divina em mim revela os meios e os fins pelos quais todos os meus negócios são levados imediatamente na direção certa.

As palavras de fé e convicção que neste momento pronuncio abrem todas as portas e oportunidades necessárias para meu sucesso e prosperidade. Sei que *o que a mim concerne o Senhor levará a bom termo* (Salmos 138:8). Meus pés estão no caminho perfeito, porque sou filho do Deus vivo em mim.

ALGUNS CONSELHOS VALIOSOS

1. Aprenda a usar as leis da mente, e assim poderá atrair riqueza, amor, felicidade e uma vida mais rica em tudo.
2. Proponha-se a ganhar dinheiro para os outros, e também o ganhará para você e prosperará além de seus sonhos mais ambiciosos.
3. A mente subconsciente funciona de uma forma que desconhecemos. Transmita-lhe a ideia de prosperidade, e ela fará o resto.

4. Você usa uma fórmula maravilhosa de prosperidade quando afirma frequente e convictamente: "Deus multiplica extraordinariamente o que é bom para mim." Maravilhas acontecem quando você reza dessa maneira.
5. O coração agradecido está sempre perto de Deus. Faça a prece bíblica: *Pai, graças te dou porque me ouviste. Aliás, eu sabia que sempre me ouves* (João 11:41-42). Embale-se para dormir com a cantiga *Obrigado* nos lábios.
6. Você pode determinar que algo aconteça, e assim acontecerá, tal como: "Minha casa está isenta de qualquer ônus, e a riqueza me chega em avalanches." Seja franco, fale com convicção e fique certo de que o subconsciente reagirá de acordo.
7. A vida é soma. Aumente sua riqueza, poder, sabedoria, conhecimentos e fé, estudando as leis das mentes consciente e subconsciente.
8. Afirme: "Tudo o que é bom para mim está fluindo em minha direção, interminável, incansável, alegre e copiosamente", e as riquezas de Deus fluirão para a mente aberta e receptiva.
9. Você pode transmitir a ideia de riqueza e sucesso ao subconsciente mediante concentração e atenção focalizada. No devido tempo, o subconsciente responderá à sua própria maneira. Dois requisitos para isso são o desejo verdadeiro e a manutenção da atenção total.
10. *Farás prosperar o teu caminho e serás bem-sucedido* (Josué 1:8).

Lei 14
A penúltima lei da criação

Segundo Napoleão, "A imaginação governa o mundo". Henry Ward Beecher, por sua vez, disse: "A mente sem imaginação é como um observatório sem telescópio." Pascal escreveu: "A imaginação a tudo determina. Cria beleza, justiça e felicidade, que são tudo neste mundo."

A faculdade de formar imagens, denominada de imaginação, é uma das principais da mente. Tem o poder de projetar e revestir de forma as ideias, dando-lhes visibilidade. Podemos disciplinar, controlar e dirigir construtivamente a imaginação para conseguir o que queremos na vida ou usá-la negativamente para imaginar o que não queremos. As imagens mentais que visualizamos e conscientemente aceitamos são gravadas no subconsciente e manifestadas na experiência concreta do indivíduo.

A imaginação foi o poderoso instrumento usado por famosos cientistas, pintores, poetas, inventores, arquitetos e místicos. Quando o mundo diz "Isso é impossível, não pode ser feito", o indivíduo dotado de imaginação vívida responde: "*Está* feito!"

COMO ELE CHEGOU A PRESIDENTE

Fred Reinecke se tornou presidente de uma grande empresa usando o poder de gerar sucesso de sua imaginação. O trecho que segue é parte de uma carta que me escreveu e deu permissão para publicar:

Entrei no mundo dos negócios juntamente com meus irmãos e irmãs. Três meses depois, nossa empresa foi completamente destruída por um incêndio. Recusamo-nos a pedir falência ou nos lamentar pelo acontecido. Decidimos recomeçar do nada, e continuei a imaginar uma grande empresa, com vendedores por todo o país.

Mentalmente, vi um grande prédio, uma fábrica, escritórios e boas instalações, pois sabia que, usando a alquimia da mente, poderia realizar meus sonhos. Você foi de grande ajuda para mim e me encorajou fortemente na primeira visita que lhe fiz, quando me chamou de "Sr. Presidente". Mentalmente, não aceitei por completo esse título, que me pareceu uma impossibilidade total, uma vez que meu irmão já ocupava o cargo.

No entanto, comecei a pensar nessa possibilidade e, após algumas semanas, aceitei o título, "Presidente", e disse a mim mesmo: "Sou o presidente de minha empresa no contexto da ordem divina. Ou isso ou algo ainda mais grandioso ou importante para a Inteligência Infinita." Imaginei um escritório suntuoso, com meu nome e título na porta, "Gabinete do Presidente". Com um sorriso, aceitei por completo esse quadro. Gostei dele!

Em seguida, alguns fatos ocorreram. Em primeiro lugar, meu irmão, que ocupava o cargo de vice-presidente, resolveu deixar a empresa. Vários meses depois, outro irmão, o presidente, anunciou que ia deixar os negócios para entrar na política. Minha irmã também saiu da firma e atingiu uma posição mais alta na vida. Todos os membros da família estão felizes em suas novas atividades, e constantemente rezo, como oro por mim mesmo, para que tenham orientação e encontrem seus verdadeiros lugares na vida.

Então, de repente, me tornei o presidente. Esse passo gigantesco, que há apenas 18 meses parecia impossível, virou realidade, e hoje a empresa está florescendo muito além de meus sonhos mais ambiciosos. Acredito inteiramente no que você ensina: que a "Imaginação é a oficina de Deus".

ELA FOI CURADA PELA IMAGINAÇÃO

A Dra. Olive Gaze, dotada de uma profunda fé, não só acredita no poder mágico da imaginação, como o compreende. Descendente direta de Henry Ward Beecher, um pregador mundialmente famoso, enviou-me a carta adiante sobre o poder da imaginação construtiva:

Prezado Dr. Murphy,

Eu dirigia com meu falecido marido, o Dr. Harry Gaze, quando, ao entrar no Sunset Boulevard, um acidente horrível fez com que o carro rodopiasse e nós desmaiamos. Quando recuperamos os sentidos, vimos policiais em volta. Harry foi removido dali numa ambulância. No estado de confusão mental em que me encontrava, dei ao policial o endereço e o número de telefone da casa do meu médico, bem como o endereço e o telefone do seu consultório, que nunca havia memorizado na mente consciente. Nessa ocasião, quem falava e agia era o subconsciente. Algo ainda mais notável aconteceu: dei ao policial o nome, o endereço exato e o telefone da minha empregada, que naquele momento passava o fim de semana com a filha, em Woodland Hills. Conscientemente, não sabia seu endereço e não tinha a mínima ideia do número de seu telefone. Esse fato indica autêntica clarividência e constitui um exemplo perfeito de como o subconsciente assume o comando em certas ocasiões.

Quando dei por mim, estava no hospital. Havia fraturado a pelve em vários lugares e ouvi alguém dizer que nunca mais voltaria a andar. Comecei a me ver indo a pé para assistir às suas palestras e o imaginei apertando minha mão, dando-me parabéns e dizendo: "Você está com uma aparência maravilhosa! Esse é o poder milagroso de Deus."

Eu tinha fé absoluta no poder curativo de Deus, e enquanto estava no hospital, me imaginava sempre fazendo o mesmo que faria habitualmente se voltasse a andar. Continuava a dizer a mim mesma, constantemente: "Deus está me curando. Deus fez todos os ossos de meu corpo, todos eles estão nos seus devidos lugares, servindo-me bem."

O que senti e imaginei como verdade aconteceu. Sei agora que o poder curativo de Deus flui pelas nossas imagens mentais. Isso é maravilhoso!

COM A IMAGINAÇÃO, CUROU-SE E CUROU A FAMÍLIA

A carta seguinte, da Sra. Fred Reinecke, é publicada com sua permissão:

Querido Dr. Murphy,

Em profundo estado de depressão, fui internada no Camarillo State Mental Hospital. Durante a terapia, tive a oportunidade de me ver face a face. Aprendi a me conhecer melhor e a me ajustar a mim mesma e aos demais. Constantemente, afirmava: "O amor de Deus satura minha alma e sou por Ele orientada." Superei a depressão e tive alta.

Acho que Deus me guiou quando fui assistir a sua palestra sobre o poder da mente subconsciente. O senhor enfatizou a capacidade espantosa e milagrosa das imagens mentais.

Comecei a me imaginar feliz, alegre, livre e bem-sucedida em tudo. Mentalmente, construí um belo lar, e muitas vezes durante o dia, me sentava e imaginava meu marido, próspero e divinamente feliz, obtendo um grande sucesso na vida. Imaginava-o me dizendo como se sentia realizado, o quanto me amava, e regozijando-se pelo sucesso que a empresa vinha tendo. Imaginava meus filhos como deveriam ser: estudantes brilhantes, ativos, repletos de ardor e entusiasmo.

Invariavelmente, construía a imagem mental de uma vida tranquila, alegre e feliz. Vivia com essa imagem o dia inteiro. De acordo com suas instruções, todas as noites o imaginava me dando parabéns por minha paz interior, tranquilidade, felicidade e liberdade para fazer o que queria. Podia ver seu sorriso e ouvir seu tom de voz. Tornei a imagem real e vívida, e tudo que construí mentalmente para mim, meu marido e meus dois filhos se transformou em realidade.

A IMAGINAÇÃO CRIA UM GRANDE PROFESSOR

Durante uma visita às Round Towers, na Irlanda, conheci um professor chamado Patrick O., que me pareceu estar muito pensativo. Perguntei:

– Em que você está pensando?

– Estou só refletindo sobre as grandes e maravilhosas ideias do mundo que crescemos e nos expandimos – respondeu ele. – Nas Towers, vejo a idade das pedras. Em seguida, a imaginação me leva às pedreiras onde foram cortadas e lavradas. Minha imaginação "despe-as". Com o olho interior, não vejo a forma, mas a estrutura, a formação geológica e a composição das pedras. Por fim, imagino a profunda ligação delas com todas as outras rochas e com a vida. É possível reconstruir toda a história do povo irlandês simplesmente olhando para as Round Towers.

Utilizando a imaginação, Patrick conseguia ver seres imaginários, invisíveis, morando nas Towers e ouvir suas vozes. Na imaginação, todo aquele local se tornou vivo para ele. Graças a esse poder, podia recuar no tempo até um ponto em que não havia Round Towers. Na mente, começou a tecer uma narrativa sobre o local de onde tinham vindo as pedras, como e quem as trouxera, a finalidade da estrutura para a qual seriam usadas e a história a ela ligada. Disse-me: "Quase consigo sentir o toque nas pedras e ouvir o som de passos que desapareceram há milhares de anos."

Como você pode facilmente compreender, Patrick é imensamente popular como professor e escritor, além de muito solicitado como palestrante, tudo em virtude do fato de usar a faculdade da imaginação.

CIÊNCIA E IMAGINAÇÃO

Do reino da imaginação vieram a televisão, os computadores, o radar, os jatos supersônicos e todas as invenções modernas. A imaginação é a Casa do Tesouro do Infinito. Libera do subconsciente todas as preciosas joias da música, da arte, da poesia e das invenções. Usando-a, podemos olhar para uma ruína antiga, um velho templo ou uma pirâmide egípcia e reconstruir um passado morto. Nas ruínas de um velho pátio de igreja, podemos ver uma cidade antiga como que ressuscitada em toda a sua antiga glória e beleza.

Você talvez esteja aprisionado pela pobreza e pela carência, ou atrás de grades de ferro, mas ainda assim, com a imaginação, pode encontrar uma sensação de liberdade com que jamais sonhou.

GRANDES SUCESSOS OBTIDOS POR MEIO DA IMAGINAÇÃO

Na prisão, John Bunyan escreveu *O peregrino,* sua obra-prima. Usou a imaginação para criar personagens como Cristão, Evangelista, Fiel, Esperançoso e Gigante Desespero, que representam características, qualidades e tipos de comportamento presentes em todos nós. Eram personagens fictícios, mas, como estados de espírito, sentimentos, crenças, atitudes e faculdades da natureza humana, viverão para sempre no coração do homem.

John Milton, embora cego, via com seu olho interior. Com a imaginação, escreveu *O paraíso perdido.* Dessa maneira, trouxe parte do Paraíso de Deus para todos, em toda parte. A imaginação, o olho espiritual de Milton, permitiu que falasse sobre Deus, e em sua obra, ele aniquilou tempo, espaço e matéria e pôs à vista de todos as verdades da Presença Invisível.

A IMAGINAÇÃO LHE TROUXE SUCESSO E RECONHECIMENTO

Krista R., formada recentemente pela University of California, em Los Angeles, comparece com frequência às nossas reuniões e palestras. Certo dia, quando conversávamos, ela disse:

– Tenho certeza de que minha vocação é ser escritora, embora os contos que envio às editoras sejam sempre rejeitados. Estou começando a me sentir muito desanimada.

– Não faça isso – aconselhei. – Você já tentou escrever um conto que fale sobre a Regra de Ouro? Se filtrar a história e todos os personagens com base em sua mentalidade espiritual e altamente artística, tenho certeza de que criará algo instrutivo e de grande interesse para os leitores.

Sugeri também que, antes de pegar no sono todas as noites, imaginasse que eu estava lhe dando parabéns pelo sucesso e aceitação de seu trabalho. A imagem mergulharia em sua mente subconsciente e nela floresceria. Se perseverasse, os resultados apareceriam.

Logo depois, duas revistas aceitaram os contos de Krista. Atualmente, ela escreve seu primeiro romance.

A IMAGINAÇÃO O PROMOVEU NA EMPRESA

Na volta de um ciclo de palestras pela Europa, iniciei uma conversa com um jovem químico, de nome Jesse M. sentado ao meu lado no avião. Ele me falou de seu primeiro sucesso importante na criação de sabores e fragrâncias sintéticas. Durante anos, a empresa em que trabalhava tentara sintetizar uma certa fragrância. Equipes inteiras haviam trabalhado no problema, sem sucesso. No fim, a tarefa fora abandonada como impossível. Quando fora contratado pela companhia, recém-saído da faculdade, seu chefe lhe dera esse trabalho com o objetivo de "domesticá-lo". Jesse não tinha ideia de que a tarefa era considerada impossível. Algumas semanas depois, apresentou ao chefe uma fórmula praticável.

Os demais funcionários da empresa ficaram atônitos. Insistiam em querer saber o segredo de Jesse. Ele respondeu que havia imaginado a solução. Essa resposta, porém, não os satisfez. Teve que explicar um pouco mais: quando se preparava para dormir, escrevia na mente em letras vermelhas gritantes a palavra *solução*. Sob a palavra, imaginava um espaço em branco, onde ela apareceria. Utilizou a técnica durante duas noites seguidas, sem resultado. Na terceira, teve um sonho que lhe apresentou claramente a fórmula completa e a técnica para fabricar o composto.

COMO A IMAGINAÇÃO TRAZ O PASSADO
DE VOLTA À VIDA

Arqueólogos e paleontólogos, estudando as tumbas do Egito antigo, reconstroem com a imaginação cenas dessa época. Assim, o passado morto ganha vida novamente.

Examinando antigas ruínas e os hieróglifos nelas inscritos, a imaginação permite a cientistas cobrir com telhados templos antigos e cercá-los de jardins, tanques e fontes. Fósseis recebem olhos, tendões, músculos, andam e falam outra vez.

O passado se transforma em presente vivo, e descobrimos que a imaginação independe de tempo e espaço. Com ela, você pode se tornar companheiro dos escritores mais inspirados de todos os tempos.

GRAÇAS À IMAGINAÇÃO, ELA SE FORMOU COM LOUVOR

Michelle G. estava no ensino médio quando começou a assistir, nas manhãs de domingo, às nossas palestras sobre a mente subconsciente. Após algumas semanas, pediu para termos uma conversa particular. Embora seu sonho fosse cursar uma faculdade, em especial uma de prestígio das vizinhanças, sua mãe a aconselhou a tirar isso da cabeça. O pai, bombeiro, havia morrido no desabamento de um prédio quando Michelle era bebê, e a mãe, empregada em uma agência de aluguel de imóveis, mal conseguia ganhar o suficiente para viver. Nada havia que pudesse ser poupado no orçamento da família para custear uma faculdade, ainda mais se fosse cara.

– Sinto-me honrado por ter me contado seu sonho – disse-lhe. – Mas não acho que precise de meus conselhos.

– Não, acho que não – respondeu ela. – Tenho simplesmente que praticar o que venho aprendendo, certo?

– Certo – respondi com um sorriso.

Michelle se lançou ao trabalho. Várias vezes por dia criava mentalmente uma cena bela e vívida. Imaginava-se no campus universitário, na biblioteca e nos laboratórios, ou sentada na grama, conversando com colegas. Via o diretor da faculdade lhe entregando o diploma, enquanto os colegas, usando beca, a aplaudiam. Ouvia a mãe lhe dando parabéns, sentia no corpo seu abraço e seu beijo. Tornou tudo isso real, natural, interessante e maravilhoso. Disse a si mesma: "Há uma inteligência criativa em meu subconsciente, dotada do poder de moldar as formas que estou construindo em minha mente e nelas instilar vida, movimento e realidade."

Michelle tornou ainda mais reais as visualizações, solicitando à faculdade seu livreto descritivo e fotos das instalações e os estudando com toda a atenção. Certo dia, um parágrafo, em letra miúda, na quarta capa do livreto a atraiu. Encontrou a descrição de uma bolsa de estudos que havia sido criada para filhos de membros das Forças Armadas e civis mortos no cumprimento do dever. Ligou e marcou um encontro com o encarregado de ajuda financeira a alunos, que lhe disse que ela, sem a menor dúvida, atendia a todos os requisitos. Se fosse aprovada no vestibular, a bolsa de estudos cobriria as mensalidades, hospedagem, pensão e demais despesas!

Suas notas na escola, os resultados do vestibular e as recomendações entusiásticas de seus professores mais do que a qualificavam para a faculdade e a bolsa. A mente subconsciente lhe concedera mais do que pudera imaginar. Quando me mostrou a carta comunicando que ganhara a bolsa, disse: "As coisas boas me chegaram tão abundantes que estão transbordando!" Quatro anos depois, ela se formou *magna cum laude*. Esse é mais um exemplo dos poderes milagrosos da imaginação.

COM A IMAGINAÇÃO, O FILHO CUROU A MÃE

Justin P. tinha 14 anos quando o conheci. Contou-me que, sempre que tinha um problema, imaginava que Jesus conversava com ele, dando-lhe a solução e lhe dizendo o que devia fazer.

A mãe desse garoto tinha uma doença crônica. Muitas vezes, Justin ficava imóvel e tranquilo e imaginava que Jesus lhe dizia: "Siga seu caminho. Sua mãe está curada!" Ele tornava essa cena tão vívida, real e forte que, devido à sua fé e convicção, convenceu-se da verdade daquilo que ouvia em sua mente. A mãe se curou por completo, independentemente de contar com a ajuda dos meios proporcionados pela medicina.

Justin mobilizou a mente para sentir que era uno com aquilo que imaginava, e os acontecimentos se desenrolaram de acordo com sua fé e convicção. Mudando a atitude mental sobre a mãe e a imaginando em perfeita saúde, essa ideia se tornou simultaneamente viva em seu subconsciente. Só há um poder curador, isto é, o subconsciente. Justin, sem saber, pôs em prática a lei, isto é, acreditou que Jesus conversava com ele e, de acordo com sua fé, o subconsciente respondeu.

Foi por esse motivo que Paracelso escreveu no século XVI:

"Seja verdadeiro ou falso o objeto de sua crença, você conseguirá os mesmos resultados."

IMAGINAÇÃO, A OFICINA DE DEUS

Não havendo profecia, o povo se corrompe (Provérbios 29:18). Minha visão é o desejo de saber mais sobre Deus e como Ele se manifesta. Minha visão é de saúde perfeita, harmonia e paz. Minha visão é a fé interior em que o Espírito Infinito me cura e me guia em todos os meus caminhos. Tenho a certeza de que o Poder de Deus em mim responde à minha prece, e esta é uma convicção profunda. Sei que minha imaginação é o resultado daquilo que coloco em minha mente. *Ora, a visão é,* diz São Paulo, *a certeza de coisas que se esperam, a convicção de fatos que se não veem* (Epístola aos Hebreus 11:1).

Diariamente imagino para mim e para os outros apenas o que é nobre, maravilhoso e divino. Imagino que estou fazendo agora o que anseio por fazer; imagino que possuo agora o que anseio por possuir; imagino que sou o que anseio por ser. A fim de tornar isso real, sinto-lhe a realidade e tenho certeza de que assim é. Obrigado, Pai.

USANDO A IMAGINAÇÃO

1. A faculdade de criar imagens é denominada imaginação. A imaginação forma todas as ideias e as projeta na mente.
2. Você pode imaginar uma bela casa, uma viagem ou um casamento; ao sentir-lhes a realidade, a imagem mental se manifesta no plano físico.
3. Imagine-se fazendo o que adora fazer, sinta-se praticando esse ato, e maravilhas acontecerão em sua vida.
4. Imagine-se saudável e perfeito, morando numa bela casa, com um cônjuge amoroso e uma família feliz. Insista nessa imagem mental, e milagres acontecerão em sua vida.
5. Disciplinando a imaginação, você pode ver com o olho interior a estrutura de ruínas antigas e, vividamente, reconstruí-las e fazer com que o passado morto pareça vivo.
6. Foi do reino da imaginação que vieram a televisão, os computadores, o radar e todas as invenções modernas.
7. Escritores usam a imaginação para criar obras que os imortalizam, seguindo exemplos como Shakespeare, Bunyan, Milton e outros.
8. Imagine que o que escreve será fascinante e de profundo interesse para o público e também que está recebendo parabéns por seu sucesso. Essas imagens, se habituais, mergulharão em seu subconsciente e, por fim, se transformarão em realidade.
9. Se imaginar que escreveu um belo poema, canção ou peça, é provável que essas manifestações artísticas surjam completas em sua mente sem qualquer esforço de sua parte.
10. Químicos podem imaginar que têm a solução de um problema complexo. Ao fazerem isso, frequentemente, a solução lhes chega em um sonho, que é a imaginação subconsciente, e a fórmula aparece.
11. Examinando antigas ruínas e os hieróglifos nelas inscritos, a imaginação permite que cientistas cubram templos antigos com telhados e os cerquem de jardins, tanques e fontes.

12. Você pode criar mentalmente, de forma bela e vívida, algo que deseja que se transforme em realidade. Torne-o nítido, real, natural e emocionante. A mente subconsciente aceitará o que você imaginar e sentir e o transformará em realidade.
13. Você pode imaginar que uma pessoa amada lhe diz que obteve uma cura milagrosa. Regozije-se com isso e veja a pessoa amada forte e cheia de vida. Imagine-a sorrindo, escute a boa notícia que ela lhe conta, abrace-a e sinta-a em seus braços, e desse modo reunirá energia para se sentir uno com a imagem. Sua prece será atendida.

Lei 15
A lei suprema da vida infinita

A Onipresença de Deus significa que Ele, a Vida Infinita, está presente em toda parte, em todos os momentos do tempo e pontos do espaço. Praticar a Presença de Deus durante todo o dia é a chave para a harmonia, a saúde, a paz, a alegria e a plenitude. Essa prática tem um poder que transcende a imaginação. Não a ignore por causa de sua grande simplicidade.

Você deve compreender que toda criação é a maneira como Deus se expressa em infinitas formas diferentes. Você é uma expressão individualizada de Deus, ou Vida, e Ele procura sempre se manifestar através de você em níveis cada vez mais altos. Como consequência, você está aqui para glorificá-Lo e deleitar-se para sempre com Sua presença.

Comece agora a meditar na maior de todas as verdades, que a tudo inclui e abrange, de que Deus é a única causa, poder e substância do mundo, e que tudo que você vê, sente e toca é parte de sua automanifestação.

COMO COMEÇAR

Conheço muitas pessoas que, todos os dias, se sentam durante 5 ou 10 minutos e meditam sobre o fato de que Deus é bem-aventurança, paz, harmonia, alegria e inteligência infinita, todo-poderoso, e que irradia sabedoria e amor sem fim. Pensam longamente nessas verdades. Examinam, de todos os ângulos, esses aspectos e poderes de Deus. Em seguida, começam a perceber que cada pessoa que encontram é uma manifestação de Deus. Na verdade, tudo que veem é Deus manifestado, é Deus se revelando pela alegria de se expressar. Quando fazem isso, essas pessoas descobrem que seu mundo muda. Invariavelmente, passam a gozar de mais saúde, melhoram suas condições de vida e se sentem tomadas por uma nova vitalidade e energia.

SETE ANOS DEPOIS, ELE REENCONTROU O FILHO

Lawrence B., presença habitual em minhas palestras, contou-me um fato incomum que lhe aconteceu. Há cerca de sete anos, depois de um divórcio de litigioso, a ex-mulher desapareceu levando o filho do casal, na ocasião com 14 anos. Lawrence fez o possível para localizá-los. A ex-mulher, porém, estava resolvida a que isso não acontecesse. Sua vingança por supostos maus-tratos recebidos de Lawrence era privá-lo para sempre do filho.

Nos últimos meses, contudo, Lawrence se tornou profundamente interessado na prática da Presença de Deus. Criou o costume de, várias vezes por dia, afirmar: "Meu filho está na Presença de Deus, e Deus me revelará onde ele está. Tenho certeza de que, no contexto da ordem divina, Deus nos aproximará, e por isso, dou graças."

Pouco tempo depois, Lawrence me apresentou o filho. Certa tarde, o rapaz havia simplesmente tocado a campainha da casa do pai, após um desaparecimento de sete longos anos!

Mais ou menos na época em que Lawrence começara a orar pela volta do filho, o jovem iniciara também uma busca própria. A mãe se recusava a lhe dar qualquer informação sobre o pai. Ele não sabia, portanto, em que parte do país ele poderia estar. Com ajuda da Internet, fez uma lista de todos os homens nos Estados Unidos com seu sobrenome e o nome de Lawrence, Laurence, Larry ou simplesmente L. Em seguida, iniciou o tedioso processo de eliminação. A meio caminho na lista e começando a se sentir desanimado, deu por si quando estava olhando fixamente para o nome de um Lawrence B. que vivia em Los Angeles. Segundo ele, foi como se o nome estivesse escrito em letras de fogo. Em vez de dar os telefonemas habituais, pegou o primeiro avião para a cidade e tomou um táxi para o endereço dado na lista!

Porque este meu filho estava morto e reviveu; estava perdido e foi achado. E começaram a regozijar-se (Lucas 15:24).

A CASA DELA FOI POUPADA

Há alguns anos, um terrível incêndio florestal, impulsionado por ventos com a força de um furacão, se espalhou pelas colinas a perto de Los Angeles. Em pânico, Amanda V. me telefonou. "Estou vendo as chamas no alto da colina atrás da casa. Estão vindo nesta direção. O que devo fazer?"

Pedi-lhe que se juntasse a mim ao telefone para praticar a Presença de Deus. Rezamos da seguinte maneira:

Reconhecemos neste instante a Presença de Deus no local onde estão você e sua casa. A casa está cercada por um manto de amor de Deus. O escudo de Deus circunda você e seu lar. Você está imersa na Onipresença de Deus. A Presença de Deus traz paz, harmonia, alegria, fé e confiança. O círculo sagrado do amor eterno de Deus cerca e envolve a casa, e sua Presença Suprema a protege. Estamos agora fazendo esta prece, sabendo que Deus a atenderá.

Duas horas depois, Amanda voltou a telefonar, dizendo que o fogo chegara até a cerca dos fundos do quintal e em seguida se extinguira! Aquilo parecia um milagre. Mais tarde no mesmo dia, um bombeiro passou lá e disse: "Só Deus Todo-Poderoso poderia ter salvo sua casa."

ELA RECONHECEU A PRESENÇA

Elise G. trabalhava numa grande editora de Nova York. Certo dia, escreveu-me contando que duas colegas no escritório viviam fazendo fofocas maldosas a seu respeito e procurando sabotar sua posição na empresa. As histórias que as duas espalhavam não só eram maldosas, mas inteiramente inverídicas.

Respondi também por escrito e aconselhei que reconhecesse a Presença de Deus nas tais pessoas. Isso implicava aceitar uma sabedoria superior, um poder mais alto e a harmonia e o amor divinos em ambas, mas também se convencer de que possuía os mesmos poderes e qualidades. Incluí a seguinte prece:

> Vejo a Presença de Deus nessas mulheres (dizer o nome delas). Deus pensa, fala e age através de ambas. Elas são carinhosas, bondosas e prestativas. Sempre que penso numa delas ou as encontro, afirmo silenciosamente: "O amor de Deus fala por sua boca. Deus está agindo através de você."

Recitar a prece foi tudo o que Elise fez. No mês seguinte, as duas mulheres deixaram a empresa para trabalhar em outra editora. Antes de irem embora, convidaram-na para almoçar, disseram que gostavam dela e que lamentavam não terem se conhecido melhor. A prática de reconhecer a Presença Divina dissolveu nas duas mulheres tudo que não se harmonizava com Elise.

OS FIÉIS PASSARAM A ADORÁ-LO

Monroe A., um jovem pastor em sua primeira designação para dirigir uma igreja, procurou-me pedindo conselhos.

– Não estou entendendo nada – disse. – Os fiéis da minha congregação são tão frios e distante. E meus sermões... bem, eles me deixam muito deprimido. Não posso nem lhe dizer quanto tempo passo toda semana os preparando ou o cuidado que tomo para que todos permaneçam fiéis aos dogmas de nossa fé. Porém, tudo o que recebo são críticas. Não na minha cara, claro, mas os comentários sempre acabam chegando ao meu conhecimento. Simplesmente não estou conseguindo me comunicar com essas pessoas. Não sei se é principalmente culpa minha ou delas, mas acho que o que eu disse basta para mostrar a situação difícil em que me encontro. Estou há quase um ano à frente da igreja e nem um único membro da congregação me convidou ainda para jantar!

– Isso *é* ruim – concordei. – Sugiro que pratique a Presença. Antes de subir ao púlpito, envie mentalmente amor, paz e boa vontade à congregação, e diga a si mesmo durante 10 minutos: "Todos os que vêm aqui esta manhã são abençoados, curados e inspirados por Deus, que pensa, fala e age através de mim. Por meu intermédio, Deus está curando estes fiéis. Todos os que ouvirem as palavras da verdade que eu pronunciar serão instantaneamente curados, exaltados e prosperarão em tudo, de maneira maravilhosa. Amo minha congregação. Eles são filhos de Deus, e a glória de Deus brilha através deles."

Algumas semanas depois, ocorreu uma mudança milagrosa. Os paroquianos começaram a cumprimentá-lo e a dizer que estavam sendo ajudados e inspirados por seus sermões, e que suas preces eram atendidas de forma maravilhosa.

Monroe descobriu que a solução de todas as dificuldades e problemas está na prática da Presença de Deus. Essa Presença é a realidade divina de todas as pessoas, latente sob as camadas de nossas falsas crenças, opiniões, superstições e maus condicionamentos.

COMO O IRMÃO LAWRENCE
PRATICAVA A PRESENÇA

O irmão Lawrence, um monge do século XVII, era um homem santo e inteiramente dedicado a Deus. Dotado de grande humildade e simplicidade, vivia sintonizado com o Infinito. "Fazer a vontade de Deus", dizia, "é meu único trabalho."

Praticava a Presença enquanto lavava pratos ou esfregava o chão. Acreditava que tudo aquilo era trabalho de Deus. A percepção da Presença de Deus era a mesma, tanto quando trabalhava na cozinha como quando oficiava no altar. Para ele, o caminho para Deus passava pelo coração e pelo amor. Seus superiores se maravilhavam com um homem que, embora em matéria de educação apenas soubesse ler e escrever, conseguia se expressar com grande beleza e profunda sabedoria. A voz de Deus no seu íntimo lhe inspirava todas as palavras.

O irmão Lawrence praticava a Presença dizendo o seguinte: "Coloco-me em tua Presença. É o teu trabalho o que faço, e assim tudo vai correr bem."

Afirmava ainda que a única mágoa que poderia ter seria a perda da percepção da Presença de Deus, mas jamais temera isso, por estar inteiramente consciente do amor e da bondade absolutos de Deus.

No começo da vida, tivera receio de ser condenado ao inferno. Essa tortura mental persistira durante quatro anos. Entretanto, ele acabara por reconhecer que a única causa desses pensamentos negativos era a falta de fé em Deus. Convencendo-se disso, tornara-se livre. Daí em diante, sua vida foi uma alegria só.

Estivesse cozinhando, fazendo pão ou lavando panelas na cozinha, ensinou a si mesmo a parar, mesmo que por apenas um minuto, para pensar em Deus, existente no centro de seu ser, para se tornar consciente da Sua Presença e manter um encontro particular com Ele. Dada sua iluminação interior, enquanto se deleitava com os êxtases do Espírito, entrava também em um reino de paz profunda.

ELA CUROU O FILHO

Recebi uma carta de uma executiva de Chicago chamada Jessica R., que havia lido o meu livro *O milagre da dinâmica da mente*, principalmente o capítulo intitulado How to Be Well and Stay Well All the Time [Como ficar bem e permanecer bem o tempo todo]. O capítulo falava de algo que lhe era familiar. O filho, Kevin, de 8 anos, tinha há cerca de um ano uma asma crônica. Frequentemente sofria crises graves, que acabavam na emergência de algum hospital.

Certa noite, Jessica se sentou ao lado da cama do filho, depois de ele ter adormecido, e orou em voz alta:

> Kevin, você é filho de Deus. Vejo em você, agora, a Presença de Deus. Esta é a presença de harmonia, saúde, paz, alegria, vitalidade e bem-estar. Deus soprou em você o hálito da vida. O Espírito de Deus formou seu corpo, e sei que o hálito do Todo-Poderoso lhe conferiu vida. Você inala a paz de Deus e exala o seu amor.
> *Pai, graças te dou porque me ouviste. Aliás, eu sabia que sempre me ouves* (João 11:41-42).

Jessica orou dessa maneira durante cerca de uma hora, reiterando essas grandes verdades e sabendo que mergulhariam na mente subconsciente do filho. Em certo momento, teve uma sensação de paz interior e a certeza de que a prece havia sido atendida. Passou o desejo de continuar a rezar.

Ao acordar pela manhã, Kevin lhe disse: "Mamãe, na noite passada um anjo veio e me disse que não tenho mais asma. Não é formidável?" Nos dias e semanas que se seguiram, ficou evidente que havia sido realmente curado. A recuperação do menino foi completa. A convicção da mãe sobre a realidade da Presença de Deus passou ao filho, cujo subconsciente deu à convicção a forma simbólica de uma figura angelical, que lhe disse que estava curado. Esse é um exemplo maravilhoso do poder da prática da Presença de Deus.

ELE ANDOU E FALOU

A Dra. Elsie McCoy, Califórnia, me autorizou a citar a seguinte cura milagrosa:

> O Sr. A. sofreu graves ferimentos na cabeça, no pescoço e no peito quando uma mesa, pesando por volta de 200 quilos, caíra sobre ele, deixando-o inconsciente durante vários dias. Chamei um pastor para rezar comigo e, durante cerca de uma hora, afirmamos juntos: "Deus é a vida deste homem. Ele está vivo com a vida de Deus. A Presença de Deus nele é a presença da paz, da vitalidade e do bem-estar."
>
> Ao fim dessa hora, o Sr. A. recuperou a consciência, mas não pôde falar nem andar, porque estava paralítico. Parecia um caso incurável. Apliquei tudo que sabia sobre as artes de cura, embora soubesse, no fundo do coração, que só Deus podia curá-lo. Todos os dias, o pastor e eu rezávamos com ele, afirmando: "Deus anda e fala através de você. Você está falando graças ao poder de Deus e vai andar com desembaraço e alegria. Ouvimos você falando conosco e o vemos andando pelo quarto. Deus o está curando."
>
> Após três meses, ocorreu o milagre. O Sr. A. começou a falar claramente e andou sem muletas. Desde então, continua a andar sem ajuda. Segundo suas próprias palavras, ele ouvira tudo o que disséramos e se embebe-

ra das palavras recitadas. Sem a menor dúvida, nossas orações penetraram em sua mente subconsciente, que reagiu. Esse foi o resultado da prática da Presença de Deus na cura.

ELE NÃO PODIA SER ARRUINADO

Enquanto escrevia este capítulo, fui interrompido por um telefonema interurbano de um velho amigo. Em voz estridente e zangada, ele disse: "Meus inimigos estão fazendo tudo o que podem para me arruinar, destruir minha empresa e a mim." Sugeri que praticasse a Presença de Deus da seguinte maneira:

> Esses dois (os chamados inimigos), a cada dia que passa, refletem mais Deus e Sua bondade. Eles têm as mesmas esperanças, desejos e aspirações que eu. Desejam paz, harmonia, amor, alegria e prosperidade, como eu. São honestos, sinceros e íntegros, e a Justiça Divina reina suprema sobre eles. Desejo-lhes todas as bênçãos de Deus. Nosso relacionamento é harmonioso, tranquilo e repleto de compreensão divina. Eles desejam fazer o que é certo, de acordo com a Regra de Ouro, como eu desejo também. Saúdo a divindade que há neles e dou graças pela solução harmoniosa de meu problema.

Recomendei que fizesse essa oração várias vezes por dia e deixasse que as impressões e sentimentos despertados por tais pensamentos mergulhassem em sua mente mais profunda, até ficar convicto de sua verdade. Além disso, disse-lhe que, à medida que continuasse a abençoar aqueles homens, sentiria uma grande sensação de libertação interior, como se fosse uma purificação da alma. Além disso, se sentiria em paz e relaxado.

Praticou essa técnica com dedicação, pondo nela toda a alma, e descobriu que extraíra realmente das profundezas de seu ser o poder curador que trouxe uma solução perfeita e harmoniosa para os problemas que tinha com aquelas pessoas. Ocorreu entre eles uma mudança extraordinária. Descobriu que a prática da Presença é uma verdade abrangente que liberta a todos.

PRATIQUE OS TRÊS PASSOS SEGUINTES

O Primeiro Passo

Aceite o fato de que Deus é a única Presença e o único poder. Deus é a sua própria vida e realidade.

O Segundo Passo

Compreenda, tenha certeza e proclame em voz alta que tudo o que existe e tudo o que vê – sejam uma árvore, um cão, um gato – faz parte da manifestação de Deus. Essa descoberta mais importante que você pode fazer e constitui um poder maior do que as palavras podem descrever.

O Terceiro Passo

Duas ou três vezes por dia, sente-se tranquilamente e pense no seguinte: "Deus é tudo o que há. Ele é tudo em tudo."

Comece a compreender que Deus está em você e em todos à sua volta. Lembre frequentemente a si mesmo que Deus trabalha e pensa através de você e das outras pessoas também, e em especial, lembre a si mesmo essa verdade quando estiver próximo de outras pessoas ou trabalhando com elas.

Se cantar, falar, representar ou tocar um instrumento em público, afirme silenciosamente: "Deus, através de mim, está abençoando, trazendo prosperidade e inspirando a plateia." Isso fará com que o amem e apreciem. Essa é a prática real da Presença de Deus.

VIVENDO COM DEUS

Vivo em um estado de consciência. É a consciência de paz interior, alegria, harmonia e boa vontade para com toda a humanidade. Sei que meu verdadeiro país não é uma localização geográfica. Um país é um local de residência. Eu resido no Local Secreto do Altíssimo, vivo à Sombra do Todo-Poderoso, ando e falo com Deus todos os dias de minha vida. Sei que só há uma Família Divina, a humanidade.

Levanta-se Deus, dispersam-se seus inimigos (Salmos 68:1).

Sei que meus únicos inimigos são o medo, a ignorância, a superstição, a acomodação, além de outros falsos deuses. Não permitirei que residam em minha mente. Recuso-me a permitir que pensamentos negativos entrem em minha mente. Enalteço Deus e Seu amor em minha mente. Penso, sinto e faço tudo do ponto de vista do Amor Divino. Mentalmente, toco neste instante o Poder Divino, que age em meu nome, e me sinto invencível. A paz começa comigo. Sinto neste instante o rio da paz de Deus fluindo pelo meu ser.

Afirmo que o amor de Deus satura o coração de todos os homens e que Deus e Sua sabedoria dirigem, guiam e governam a mim e a todos os homens, em toda parte. Deus me inspira, como também aos nossos líderes e aos governos de todas as nações a fazer Sua vontade, e Sua vontade apenas. A vontade de Deus é harmonia, paz, alegria, completude, beleza e perfeição. Isto é maravilhoso!

RECORDANDO GRANDES VERDADES

1. A prática da Presença de Deus é a chave para a saúde, a felicidade e a paz de espírito.
2. Compreenda que tudo o que você vê é uma parte da automanifestação de Deus.
3. Deus é Inteligência Infinita. Se seu filho está perdido, Ela sabe onde ele está e lhe revelará o paradeiro da criança.
4. Nada poderá atingi-lo, nem atingir sua casa, se você se colocar no centro do círculo de amor de Deus e tiver certeza de que sua Presença Superior o protegerá.
5. Veja a Presença de Deus na pessoa que o incomoda ou faz fofocas a seu respeito. Afirme que Deus pensa, fala e age através dessa pessoa, e descobrirá que o amor jamais falha.
6. Se você é orador ou palestrante, afirme: "Deus está abençoando e curando esta plateia através de mim", e maravilhas acontecerão em sua vida.
7. Todo trabalho é trabalho de Deus. Não importa o que faça, faça-o pela glória de Deus.
8. Você pode orar por um membro de sua família ao manifestar o amor, a paz, a alegria e a harmonia da presença de Deus. Sinta a realidade do que afirma, e o subconsciente da pessoa amada reagirá de acordo.
9. Se certas pessoas tentam prejudicá-lo, reconheça que você é uno com Deus e que ninguém pode romper suas defesas. Abençoe-as dizendo que são honestas, sinceras, afetuosas e guiadas por Deus e apenas por Deus. Inevitavelmente, haverá uma solução harmoniosa que a todos beneficiará.

10. Compreenda que tudo o que vê, pouco importando o quê, é parte da manifestação de Deus. Isso é a descoberta mais importante que você pode fazer. Todas as pessoas que encontra são encarnações de Deus. Todos esperam de você que ignore suas fragilidades, defeitos e omissões. Tal como Paulo de Tarso, tente ver em todas as pessoas o Cristo, a esperança da glória de Deus.

~

EDIÇÕES VIVA LIVROS

Alguns títulos publicados

1. *O poder do subconsciente*, Joseph Murphy
2. *A força do poder da fé*, Joseph Murphy
3. *Ame-se e cure sua vida*, Louise L. Hay
4. *Seus pontos fracos*, Dr. Wayne Dyer
5. *Saúde perfeita*, Deepak Chopra
6. *Simpatias da Eufrázia*, Nenzinha Machado Salles
7. *Deus investe em você e Dê uma chance a Deus*, Hermógenes
8. *A chave mestra das riquezas*, Napoleon Hill
9. *QS: Inteligência espiritual*, Danah Zohar e Ian Marshall
10. *Faça sua vida valer a pena*, Emmet Fox
11. *Cuidando do corpo, curando a mente*, Joan Borysenko
12. *A mágica de pensar grande*, David J. Schwartz
13. *Dicionário de sonhos para o século XXI*, Zolar
14. *Nascido para amar*, Leo Buscaglia
15. *Terapia de vidas passadas*, Célia Resende

ATENDIMENTO AO LEITOR E VENDAS DIRETAS

Você pode adquirir os títulos da Viva Livros através do Marketing Direto do Grupo Editorial Record.

- Telefone: (21) 2585-2002
  (de segunda a sexta-feira, das 8h30 às 18h)
- E-mail: mdireto@record.com.br
- Fax: (21) 2585-2010

Entre em contato conosco caso tenha alguma dúvida, precise de informações ou queira se cadastrar para receber nossos informativos de lançamentos e promoções.

Nossos sites:
www.vivalivros.com.br
www.record.com.br

Este livro foi composto na tipografia Minion Pro, em corpo 10,5/13, e impresso em papel off-set 56g/m² no Sistema Digital Instant Duplex da Divisão Gráfica da Distribuidora Record.